名优教师讲高考语文

YUYAN WENZI YINGYONG

语言文字应用

主　编　黄高才　　张金枝
　　　　杜显忠　　雷景堂

本册编者　史妮娜　刘绪洲　杜桂梅
　　　　　谢建芳　张凤云　马冰默
　　　　　高燕燕　段刚霞　薛梦熊
　　　　　陈琳　　张杨

西北工业大学 出版社

西安

【内容简介】 本书以近年来的高考语文真题为例,以高考语文在语言文字应用这一部分的高频考点为切入点,结合一线教师在高考语文复习时的实际需要,按课时编排内容,具有很强的针对性和实际操作性。

全书共分为正确使用词语、辨析并修改病句、语言组织与应用和图文转换四个单元,涵盖了高考语文在语言文字应用这一部分的所有考点。

本书注重方法传授,讲解独特、生动,练习设计别具一格,可以有序、有效地提高学生的语文能力,增强学生高考语文的实战能力。

图书在版编目(CIP)数据

语言文字应用/黄高才等主编. —西安:西北工业大学出版社,2018.9

(名优教师讲高考语文)

ISBN 978 - 7 - 5612 - 6265 - 8

Ⅰ.①语… Ⅱ.①黄… Ⅲ.①中学语文课—高中—升学参考资料 Ⅳ.①G634.303

中国版本图书馆 CIP 数据核字(2018)第 219083 号

策划编辑:李改农

责任编辑:杨 睿

出版发行:西北工业大学出版社

通信地址:西安市友谊西路 127 号　　　邮编:710072

电　　话:(029)88493844　　　88491757

网　　址:www.nwpup.com

印 刷 者:陕西金德佳印务有限公司

开　　本:787 mm×1 092 mm　　　1/16

印　　张:12

字　　数:200 千字

版　　次:2018 年 9 月第 1 版　　2018 年 9 月第 1 次印刷

定　　价:45.00 元

前　　言

　　语言是人类用以表达思想,进行交流的最基本的工具。语言表达能力是人们生活和工作必不可少的一项核心技能——交流思想、表达感情、传递信息、传授知识……时时处处都需要表达能力。作为语言表达的一种重要方式,书面表达的核心是语言文字应用。

　　语言文字应用是高考语文试题考查的一个重要内容。如何正确解答这一部分试题,轻松地拿到高分呢? 可从以下几个方面入手。

　　一、加强常用词语的积累。词汇是构成语言的基本材料,语言能力的强弱首先取决于词汇的积累。对常用词语的意思理解越透彻,积累越丰富,语言能力的形成基础越牢靠,语言的组织和运用能力越强。因此,要加强常用词语的积累,特别是在正确、透彻地理解常用词语意思的基础上将其积累下来,既可以做到正确使用,又能实现灵活运用。

　　"正确使用词语"是高考语文考试大纲规定的必考内容。只要对常用词语的意思理解透彻了,并将其牢牢地记下来了,同时懂得词语使用的基本规则,不论题目怎么出,都能轻松地答好。这里特别要强调的是,正确使用词语包括成语的使用,在高考总复习备考时,要尽可能将本书中所列重点成语的意思搞清楚,并且将其记下来。

　　二、加强语文基础知识的学习。虽然语言文字应用能力的形成主要依赖于大量的语言感性积累,但是如果具有扎实的语文基础知识功底,语文能力的形成速度不但会加快,而且能够培养得更强。这其中的道理很简单,因为具备了丰富的语文基础知识,不仅能够从理性的高度认识语言,具有较强的语言分析能力,而且能够从理性的高度驾驭和运用语言。

　　从语文考试的角度来看,掌握系统的语文基础知识,能从语法、逻辑和修辞的角度对语言进行理性分析,不仅可以敏锐地识别语病、恰到好处地补写句子、轻松地进行句式变化,而且可以理性地使用修辞拟写公益广告语等,实现对所有语言应用类题目的完美解答。

　　三、加强语文能力训练。高考语文试题的"语言文字应用"板块考查的是学生的语言理解与运用能力。虽然构成试卷的各个题目所对应的能力点不同,但所有题目一致指向能力目标。也就是说,只有真正具备了良好的语言理解与运用能力才有可能取得最好的成绩。因此,加强能力训练是高考语文复习备考的关键。那么,通过强化训练,语言的理解与运用能力是否能在短期内得以提高呢? 只要遵循语文能力形成的规律,在已有语言感性积累的基础上系统地掌握语文基础知识,训练方法科学,语言理解与运用能力完全可以在短期内得到较大的提高。

四、掌握正确的答题方法。任何一种能力测试项目的实施都要对整个能力构成体系进行分析和分解,从中抽取出关键性的能力点,并且根据这些能力点制定测评方案,确定测试题目类型。与此同时,为了确保测试的相对信度,考点一旦确定,试卷结构和题目类型就要相对稳定。题型不同,答题的方法和技巧各异。因此,在高考语文总复习备考时,要弄清楚"语言文字应用"这一板块的所有能力考查点和基本题型,掌握各类题型的答题方法。

本书对"语言文字应用"类题目所采用的各类题型进行了比较全面而详细的介绍,同时就各类题型的答题方法和技巧做了具体的指导。

本书由黄高才、张金枝、杜显忠和雷景堂主编,由史妮娜、刘绪洲、杜桂梅、谢建芳、张凤云、马冰默、高燕燕、段刚霞、薛梦熊、陈琳和张杨共同编写。本书初稿完成后,由黄高才、高燕燕、段刚霞和张杨对书稿进行了补写、整合和文字加工。

为了使本书对广大考生有更加切实的帮助,我们将于每年的高考结束后对其进行一次全面修订。欢迎高中一线语文老师参与本书的修订工作。

黄高才

2018 年夏于咸阳

目　　录

第一单元　正确使用词语

　　语汇是语言的建筑材料。掌握一定数量的词语,在交际中恰当选用词语是准确传递信息的保证。用词准确是建立在正确理解词义的基础上的,否则,人们就不能很好地理解所表达的内容。用词准确还要防止随意缩略,社会交际要求语言日趋简明精细,产生了大量的用缩略方法造的词,其中有一些表意明确,能替代原来的较长的词语,已被人们接受,有一些则属于生造词。

　　用词准确还要正确运用成语,避免使用不当或随意删改。成语是汉语词汇中的一部分固定短语,其特点主要是结构的稳定性和意义的整体性。成语大都有特定的意思,不能按字面意义去理解。例如,"高山流水"不是指"高山上流下水来",也不是"有高山、有流水"的意思,而是表示知音或知己,或比喻乐曲高妙。

第一课　高考真题解析

本课学习目标

　　1.通过考纲解读和真题分析,弄清词语使用能力考查的基本题型,明确备考重点。

　　2.通过真题解析指导,掌握"词语使用"类题目的答题方法。

　　课时建议:1课时。

一、考纲呈现

　　正确使用词语(包括熟语)(见2018普通高等学校招生全国统一考试大纲)。

二、考纲解读

　　从词性上看,词语包括实词和虚词两部分,其中实词是历年考查的重点,尤其是成语使用和近义词辨析考查的几率最高。在这里需要提醒注意的是,备考中不能忽视熟语的积累。

从考查能力和试题难度来看,等级均为"表达应用 E",难度适中。

从考查形式来看,设置一个单项选择题,题干设置为"最恰当/使用最恰当的一项""使用不正确的一项""全都不正确的一项""全都恰当的一项"等多种类型。

三、考点真题分析

试 卷	题 型	考查内容	题干设置
2018 年全国卷 Ⅰ、Ⅱ、Ⅲ	段落中语境 近义辨析	六个成语	全部恰当的一项是
2017 年全国卷 Ⅰ、Ⅱ、Ⅲ	语境辨析	六个成语	下列各句中加点成语的使用,全都不正确的一项是
2016 年新课标卷 Ⅰ、Ⅱ、Ⅲ	语境辨析	六个成语	下列各句中加点成语的使用,全都正确的一项是
2016 年新课标卷 Ⅰ、Ⅱ、Ⅲ	语境辨析	虚词	填入下面文段空白处的词语,最恰当的一项是
2015 年新课标卷 Ⅰ、Ⅱ	近义辨析	三个成语	依次填入下列各句横线处的成语,最恰当的一组是
2014 年新课标卷 Ⅰ、Ⅱ	近义辨析	三个成语	依次填入下列各句横线处的成语,最恰当的一组是
2013 年新课标卷 Ⅰ、Ⅱ	语境辨析	四个成语	下列各句中加点成语使用恰当的一项是

四、考情分析

1. 近五年,全国卷的考查主要以成语为主,2016 年在保留成语考查题的基础上,还增加了包括关联词语在内的虚词辨析题。

2. 成语题型以单句语境辨析为主,2018 年转为整个语段中的语境辨析,且为近义辨析,增加了辨析难度。2014 年、2015 年为单句语境近义辨析。虚词辨析以语段语境近义辨析为主。

3.近五年,题干的设置以选正确恰当的为主,但也有例外,如 2017 年打破了惯性思维,要求变为"选出使用不恰当"的一项。

4.考查难度在加大,所考成语数量由四个独立成语变为三个近义成语,后又增加到六个独立成语。辨析范围也从单句正误辨析、单句近义辨析、多句正误辨析,转变为 2018 年的语段近义辨析。

五、2018 年真题解析

(2018 年全国卷Ⅰ)"大洋一号"是中国第一艘现代化的综合性远洋科学考察船。自 1995 年以来,这艘船经历了大洋矿产资源研究开发专项的多个远洋调查航次和大陆架勘查多个航次的任务。今年,它又完成了历时 45 天、航程 6208 海里的综合海试任务。对不熟悉的人而言,_____。在这里,重力和 ADCP 实验室、磁力实验室、地震实验室、综合电子实验室、地质实验室、生物基因实验室、深拖和超短基线实验室等各种实验室_____,分布在第三、四层船舱。由于船上配备了很多先进设备,人不用下水就能进行海底勘探。比如,深海可视采样系统可以将海底微地形地貌图像传到科学考察船上,犹如有了千里眼,海底世界可以_____,并可根据需要_____地抓取矿物样品和采集海底水样;深海浅层岩芯取样钻机可以在深海底比较坚硬的岩石上钻取岩芯。

"大洋一号"的远航活动,与郑和下西洋相呼应。600 年前,伟大的航海家郑和七下西洋,在世界航海史上留下了光辉的一页。600 年后,"大洋一号"不断进步,_____,在《联合国海洋法公约》的法律框架下,探索海洋奥秘,开发海洋资源,以实际行动为人类和平利用海洋做出了中国人民的贡献。

依次填入文中横线上的成语,全都恰当的一项是(　　　)。(3 分)

A. 一应俱全　　　一览无余　　　易如反掌　　　东山再起
B. 应有尽有　　　一览无余　　　轻而易举　　　再接再厉
C. 一应俱全　　　一目了然　　　轻而易举　　　东山再起
D. 应有尽有　　　一目了然　　　易如反掌　　　再接再厉

(一)题干信息

"依次"说明了填入成语顺序,"横线"标明了成语使用的位置,"全都恰当"说明筛选条件。

（二）答题技巧

第一，通读语段，了解语段要表达的意思。重点留意横线位置处的前后语意。如第一处横线前面的"对不熟悉的人而言"，说明横线部分前面大量的列举旨在说明这里各种实验室类型"多"的特点。

第二，从选项入手。观察每个位置可选成语的异同。通过辨析找到每个成语的侧重。如"应有尽有"和"一应俱全"两成语均指"应"和"有"，但两者对"有"的侧重不同，前者侧重数量，后者侧重"全"。

第三，根据语段语意筛选近义成语。如横线第一处，"对不熟悉的人而言"说明语段语意侧重于所观察到事物的直观数量，但对于其内在并不了解，因此，不可能从"全"的角度进行熟稔的判断。

第四，从熟悉及肯定的选择入手，快速排除干扰项，将筛选目标缩小，进而答题。如，第一处横线判断应为"应有尽有"，排除 A、C。剩下的两项中，只需在"一览无余、一目了然"和"轻而易举、易如反掌"中任选一组精准辨析即可作答。

（三）答案解析

第一处横线：选择"应有尽有"，原由见"答题技巧"。

第二处横线："深海可视采样系统可以将海底微地形地貌图像传到科学考察船上，犹如有了千里眼，海底世界可以_____"加点词句可以看出语境侧重于"看"；而备选项"一览无余"和"一目了然"，前者侧重于"览"即"看"，后者侧重于"了"即"清"。因此应选择"一览无余"。

第三处横线："并可根据需要_____地抓取矿物样品和采集海底水样"，横线部分要填入的成语需表明抓取和采集的容易，侧重于对"深海可视采样系统"能力的肯定。备选项"易如反掌"一般指确实容易办到的事情，"轻而易举"侧重描述办事情的能力。因此选择"轻而易举"。

第四处横线：语段中"600 年后，'大洋一号'不断进步，_____"，侧重于从开始到现在不断的进步。备选项"东山再起"是失势后重新恢复地位势力，不符合文意。应选择"再接再厉"，侧重于不断的努力和进步。

答案：B。

第二课　解题知识储备

本课学习目标

1. 从成语的来源、含义、色彩及语境等方面正确理解成语的整体意义,做好答题知识储备。

2. 重点掌握高考高频考查成语。

课时建议:每一部分 1 课时,共 9 课时。

一、成语的来源

成语有自己固定的结构形式,其含义更具有一定的整体性,我们需要透过字面意和本义来领会成语的深层含义。其中,掌握成语的来源,有助于我们更好地理解和掌握成语。成语的来源主要有以下几种情况。

（一）来源于神话故事

1. 东曦既驾:曦,曦和,神话传说中驾日车的神。指太阳已从东方升起,比喻驱散黑暗,光明已见。

2. 吉光片羽:古代神话传说中,吉光是神兽,毛皮为裘,入水数日不沉,入火不焦。吉光片羽是古代神话传说中神兽的一小块毛皮,比喻残存的珍贵文物。

3. 擎天之柱:擎,向上托;能托住天空的大柱子。古代神话传说昆仑山有八柱擎天,后用以比喻能担负重任的人。

4. 无缝天衣:神话谓仙女穿的天衣,不用针线缝合,没有缝儿。常以比喻诗文等事物没有一点瑕疵。

5. 兴风作浪:原指神话小说中妖魔鬼怪施展法术掀起风浪,后多比喻煽动情绪,挑起事端。兴、作,引起。

6. 兴云致雨:神话传说中神龙有布云作雨的能力。借喻乐曲诗文,声势雄壮,不同凡响。兴云,布下云彩。致雨,使下雨。

7. 玉宇琼楼:神话传说中仙人居住的宫殿,形容覆雪的楼宇。

8. 云锦天章:云锦,神话传说中织女用彩云织出的锦缎。天章,彩云组合成的花纹。比喻文章极为高雅、华美。

9. 画龙点睛:传说南北朝著名的画家张僧繇绘画技艺神妙,画龙之后再点上眼睛就可以让龙乘云飞天。后多比喻写文章或讲话时,在关键词处用几句话点明实质,使内容生动有力。

10.精卫填海:中国上古神话传说。相传精卫是炎帝神农氏的小女儿,名唤女娃,一日女娃到东海游玩,溺于水中。死后其不灭的精灵化作花脑袋、白嘴壳、红色爪子的一种神鸟,每天从山上衔来石头和草木,投入东海,然后发出"精卫、精卫"的悲鸣,好像在呼唤自己。精卫衔来木石,决心填平大海。旧时比喻仇恨极深,立志报复;后比喻意志坚决,不畏艰难。

11.夸父逐日:中国上古时代神话传说故事。夸父为了追赶太阳,想要喝水,就到黄河、渭水喝水。黄河、渭水的水不够,就去北方喝大湖的水。还没赶到大湖,就半路渴死了。夸父抛弃他的手杖,他的手杖化成了桃林。比喻人有大志,也比喻不自量力。

12.开天辟地:辟,开辟。古代神话传说。盘古氏开天辟地,才开始了人类历史。用来指开创人类历史或有史以来前所未有的,常用来形容前所未有的事业。

(二)来源于古代寓言故事

1.守株待兔:据《韩非子·五蠹》记载,相传战国时期宋国有一个农民,看见一只兔子撞在树根上死了,便放下锄头在树根旁等待,希望再得到撞死的兔子。株,露出地面的树根。原比喻希望不经过努力而得到成功的侥幸心理;现也比喻死守狭隘经验,不知变通。

2.杯弓蛇影:据《风俗通义·怪神》记载,客人见杯中弓影,以为是蛇在酒中,勉强喝下。即疑虑而生病,明白真相后,疑虑消失,沈疴顿愈,后遂用杯弓蛇影或弓影杯蛇,指因错觉而产生疑惧,比喻疑神疑鬼,妄自惊忧。

3.亡羊补牢:《战国策·楚策》"亡羊而补牢,未为迟也"。羊逃跑丢失了再去修补羊圈,还不算晚。比喻出了问题以后想办法补救,可以防止继续受损失。

4.曲高和寡:战国楚·宋玉《对楚王问》中有"其曲弥高,其和弥寡"。曲调高深,能跟着唱的人很少。旧指知音难得,现比喻言论或作品不通俗,能了解的人很少。

5.嗟来之食:据《礼记·檀弓下》记载,齐国发生了严重的饥荒。有人左手端着食物,右手端着汤,对饥民吆喝:"喂!来吃吧!"那人说,我就是因为不吃侮辱我尊严的食物,才饿成这个样子的。于是断然谢绝施舍,最终因不吃东西而饿死了。今泛指带有侮辱性的施舍。

6.井底之蛙:据《庄子·秋水》记载,井蛙以自己的小天地而满足,却不知道大海的乐趣,天地的开阔。比喻见识短浅。

7.刻舟求剑:据《吕氏春秋·察今》记载,有个楚国人,坐船渡河时不慎把剑掉入河中,他在船上用刀刻下记号,说:"这是我的剑掉下去的地方,一会儿到岸的时候我就从这跳下去找剑。"当船停下时,他沿着记号跳入河中找剑,遍寻不获。比喻人的眼光未能与客观世界的发展变化同步,也比喻办事刻板、拘泥而不知变通。

8. 滥竽充数:《韩非子·内储说上》,不会吹竽的人混在吹竽的队伍里充数。比喻没有真才实学的人,混在行家里面凑一个数,或比喻拿不好的东西混在好的里面。

9. 南辕北辙:《战国策·魏策四》,一个人要乘车到楚国去,由于选择了相反的方向又不听别人的劝告,只能离楚国越来越远了。比喻行动和目的正好相反。

10. 对牛弹琴:汉·牟融《理惑论》,有人给牛弹奏古雅的清角调琴曲,可牛却依然像先前一样埋头吃草。比喻对不讲道理的人讲道理,对不懂得美的人讲风雅。也用来讥讽人讲话时不看对象。

11. 掩耳盗铃:《吕氏春秋·自知》,有人趁范氏灭亡偷钟,想砸碎后偷走,怕砸钟的声音很大惊动别人,就把耳朵捂住,以为自己听不见别人也会听不见。比喻自欺欺人。

12. 叶公好龙:汉·刘向《新序·杂事五》,叶公喜欢龙,衣着装饰,都有龙的图案,天上真龙知道后,便从天上下降到叶公家里,龙从窗户伸进头探望,龙尾摆到了厅堂里。叶公一看是真龙,吓得像失了魂似的,转身就跑。比喻自称爱好某种事物,实际上并不是真正爱好,甚至是惧怕、反感。

13. 黔驴技穷:唐·柳宗元《三戒·黔之驴》,黔地本无驴,有好事者运来一头驴,又将它放置在山脚下。老虎看它体形高大叫声响亮,很是惧怕。后来通过观察试探,发现驴只会用叫声吓唬,用蹄子踢,并没有其他的技能,便咬断了驴的喉咙,吃光了它的肉,才离开。比喻有限的一点本领也已经用完了(多贬义)。

14. 杞人忧天:《列子·天瑞》,杞国有个人担心天会塌、地会陷,自己无处依托,便食不下咽,寝不安席。比喻不必要或无根据的忧虑。

15. 揠苗助长:《孟子·公孙丑上》,有个宋国人担忧他的禾苗长不高而把禾苗往上拔,以为自己做了一件好事,然而苗都枯萎了。比喻为急于求成,反而坏了事。

16. 与虎谋皮:本作"与狐谋皮"。据《太平御览》记载,周朝时有一个人打算缝制一件价值昂贵的狐狸皮袍子,于是就与狐狸商量说:"把你们的毛皮送给我几张吧。"狐狸一听,全逃到山林里去了,那人十年也没缝成一件狐狸皮袍子。比喻跟所谋求的对象有利害冲突,一定不能成功。现多用来形容跟恶人商量,要牺牲对方的利益,一定办不到。

17.南柯一梦:唐·李公佐《南柯太守传》,一人喝醉酒,在庭院的槐树下休息起来,没想到睡着了。梦里自己娶了公主,做了太守,儿女成群,后又遭遇国破妻死的厄运。醒后才知道一切都是虚幻。形容一场大梦,或比喻一场空欢喜,比喻梦幻的事。比喻根本不能实现的企图和愿望,或是那些虚幻、一场空的事物。

18.疑邻盗斧:《吕氏春秋·有始览·去尤》,有人丢了一把斧子,怀疑是邻居家的儿子偷去了,便观察那人言行举动,无一不像偷斧子的。不久后,他在翻动他的谷堆时发现了斧子,第二天又见到邻居家的儿子,就觉得他言行举止没有一处像是偷斧子的人了。形容做人处事要实事求是,从实际出发,不能凭空猜想。

19.画蛇添足:《战国策·齐策二》,楚国有个搞祭祀活动的人,祭祀完了以后,拿出一壶酒赏给门人们喝。门客们互相商量,在地上比赛画蛇,先画好的人就喝这壶酒。有一个人先把蛇画好了,他拿起酒壶正要喝,却左手拿着酒壶,右手继续画蛇,说:"我能够给它画脚。"没等他画完,另一个人已把蛇画成了,把壶抢过去说:"蛇本来是没有脚的,你怎么能给它画脚呢!"说着便把壶中的酒喝了下去。为蛇画脚的人,最终失去了酒。比喻做事多余,不但无益,反而有害;也比喻虚构事实,无中生有。

20.买椟还珠:《韩非子·外储说左上》,楚人想卖珍珠,用名贵的木兰雕了一只装珠的匣子,将盒子用桂椒调制的香料熏制,用珠宝和宝玉点缀,用美玉连结,用翡翠装饰,用翠鸟的羽毛连缀。一个人买下了盛珍珠的盒子,却退还了匣子里的珍珠。比喻没有眼光,取舍不当。

21.涸辙之鲋:《庄子·外物》,"周昨来,有中道而呼者,周顾视车辙中,有鲋鱼焉。"涸,干;辙,车轮辗过的痕迹;鲋,鲫鱼。水干了的车辙沟里的小鱼。比喻在困境中急待援救的人。

(三)来源于历史典籍

1.退避三舍:《左传·僖公二十三年》,春秋晋公子重耳出亡至楚,楚成王礼遇重耳,并问:"公子若反晋国,则何以报不谷?"重耳对曰:"若以君之灵,得反晋国,晋楚治兵,遇於中原,其辟君三舍。"舍,军行三十里。后重耳返国执政,晋楚城濮之战,晋军果"退三舍以辟之"。后指主动退让九十里,比喻退让和回避,避免冲突。

2.按图索骥:据《汉书·梅福传》记载,伯乐的儿子把父亲用经验写的《相马经》背得很熟,以为自己也有了认马的本领。他在路边看见了一只癞蛤蟆,想起书上说额头隆起、眼睛明亮、有四个大蹄子的就是好马,便认为这就是好马。按图索骥,指按照图上画的样子去寻找好马,比喻办事机械、死板,也比喻按照线索寻找。

3. 洛阳纸贵:《晋书·左思传》,"于是豪贵之家竞相传写,洛阳为之纸贵"。原指西晋都城洛阳之纸,因大家争相传抄左思的作品,以至一时供不应求,货缺而贵。后喻作品为世所重,风行一时,流传甚广。

4. 望梅止渴:南朝宋·刘义庆《世说新语·假谲》,曹操带兵出征途中找不到有水的地方,士兵们都很口渴。于是曹操叫手下传话给士兵们说:"前面就有一大片梅林,结了许多梅子,又甜又酸,可以用来解渴。"士兵们听后,嘴里都流口水。他们凭借着这个办法才到达前方有水源的地方。后来比喻愿望无法实现,便用空想来安慰自己或他人。

5. 高山流水:据《列子·汤问》记载,传说伯牙善鼓琴,钟子期善听。伯牙鼓琴志在高山,钟子期曰:"善哉,峨峨兮若泰山。"志在流水,钟子期曰:"善哉,洋洋兮若江河。"伯牙所念,钟子期必得之。子期死,伯牙谓世再无知音,乃破琴绝弦,终身不复鼓。后用"高山流水"比喻知音或知己;也比喻乐曲高妙。

6. 鸡鸣狗盗:据《史记·孟尝君列传》记载,齐孟尝君出使秦被昭王扣留,孟一食客装狗钻入秦营,偷出狐白裘献给昭王妾,以说情放孟尝君。孟尝君逃至函谷关时昭王又令追捕。另一食客装鸡叫引众鸡齐鸣骗开城门,孟尝君得以逃回齐。"鸡鸣狗盗"指微不足道的技能,也指偷偷摸摸的行为。

7. 草木皆兵:《晋书·苻坚载记》,"坚与苻融登城而望王师,见部阵齐整,将士精锐;又北望八公山上草木,皆类人形,顾谓融曰:'此亦劲敌也,何谓少乎?'忱然有惧色。"把山上的草木都当作敌兵。形容人在惊慌时疑神疑鬼。

8. 探骊得珠:《庄子集释·杂篇·列御寇》记载,传说古代有个靠编织蒿草帘为生的人,其子入水,得千金之珠。他告诉儿子珠子来源于九重深渊下骊龙的颔下,它若醒了,拿珠之人便也没命了。"骊"即指"黑龙",在骊龙的颔下取得宝珠,原指冒大险得大利,后常用来比喻做文章扣紧主题、抓住要领。

9. 唇亡齿寒:据《左传·僖公五年》记载,晋献公向虞国借路伐虢,虞国大夫宫之奇以嘴唇和牙齿之间的关系劝虞君,唇亡则齿寒,但虞君未听劝告,最终也为晋所灭。唇亡齿寒,唇没有了,牙齿就寒冷。比喻双方息息相关,荣辱与共。

10. 枕戈待旦:《晋书·刘琨传》,"吾枕戈待旦;志枭逆虏。"戈,古代的一种兵器,和"矛"相似;旦,天亮。枕着武器躺着,等待天亮。形容杀敌心情急切,毫不松懈,时刻准备迎战。

11.一丘之貉:汉·班固《汉书·杨恽传》,"若秦时但任小臣,诛杀忠良,竟以灭亡,令亲任大臣,即至今耳,古与今如一丘之貉。"当初秦朝如能信用贤臣,恐怕直到现在还不会灭亡。古今的事情,其实是一丘之貉啊。丘:土丘;貉:一种像狐狸的野兽。一个山丘上的貉。比喻彼此同是丑类,没有什么差别;贬义词。

12.闻鸡起舞:据《晋书·祖逖传》记载,传说东晋时期将领祖逖年轻时就很有抱负,每次和好友刘琨谈论时局,总是慷慨激昂,满怀义愤。为了报效国家,他们在半夜一听到鸡鸣,就披衣起床,拔剑练武。后来比喻有志报国的人发奋努力。

13.抱薪救火:《史记·魏世家》,"且夫以地事秦,譬犹抱薪救火,薪不尽,火不灭。"意为抱着柴草去救火。比喻用错误的方法去消除灾祸,结果使灾祸反而扩大。

14.邯郸学步:据《庄子·秋水》记载,燕国寿陵有个少年,千里迢迢来到邯郸,打算学习邯郸人走路的方式。结果,他不但没有学到赵国人走路的方式,而且把自己原来走路的方法也忘记了,最后只好爬着回去。比喻模仿别人不成,反倒丢失了原有的技能。

15.指鹿为马:《史记·秦始皇本纪》,相传赵高要谋权篡位,为了试验朝廷中有哪些大臣顺从他的意愿,特地呈上一只鹿给秦二世,并说这是马。秦二世不信,赵高便借故问各位大臣。不敢逆赵高意的大臣都说是马,而敢于反对赵高的人则说是鹿。后来说是鹿的大臣都被赵高用各种手段害死了。形容一个人混淆是非,颠倒黑白。

16.桃李不言,下自成蹊:出自《史记·李将军列传》,西汉伟大的史学家司马迁在为李广立传时称赞道"桃李不言,下自成蹊"。意思是说,桃李有着芬芳的花朵,甜美的果实,虽然它们不会说话,但仍然会吸引人们到树下赏花尝果,以至树下都走出一条小路,李广将军就是以他的真诚和高尚的品质赢得了人们的崇敬。比喻为人品德高尚,诚实、正直,用不着自我宣言,就自然会感动别人,受到人们的尊重和敬仰。

17.扑朔迷离:出自南宋·郭茂倩《乐府诗集·横吹曲辞五·木兰诗》"雄兔脚扑朔,雌兔眼迷离。双兔傍地走,安能辨我是雄雌?"扑朔,乱动;迷离,眼睛半闭。原指难辨兔的雄雌,比喻辨认不清是男是女。后来形容事情错综复杂,不容易看清真相。

18.不名一钱:《史记·佞幸列传》,"竟不得名一钱,寄死人家。"(邓通)

不能占有一个钱，只能寄食在别人家里直到死去。一个钱也没有，形容极其贫穷。

19. 不寒而栗：《史记·酷吏列传》汉武帝时，定襄治安很混乱，义纵执法严峻，一天判处四百多人死刑。尽管那天天气不冷，然而，住在这个地区的人们听到这个消息后都吓得发抖。栗，打颤，发抖。不冷而发抖，形容非常恐惧。

20. 三人成虎：《战国策·魏策二》，"夫市之无虎也，明矣，然而三人言而成虎"。三个人都说街市上有老虎在吃人，别人便以为真有老虎。比喻谣言一再反复，就会使人信以为真。

21. 上下其手：《左传·襄公二十六年》记载，春秋时楚国出兵侵略郑国。郑将皇颉被楚将穿封戌俘虏。楚公子围想冒认俘获皇颉的功劳，说郑皇颉是由他俘获的，于是穿封戌和公子围二人就此发生争执，请伯州犁裁定。伯州犁便向郑皇颉求证，手伸二指，用上手指代表楚王弟公子围，用下手指代表楚将穿封戌，然后问他是被谁俘获的。郑皇颉因被穿封戌俘虏，十分恨他，便指着上手指，表示是被公子围所俘虏。于是，伯州犁便判定这是公子围的功劳。通过玩弄手法，颠倒是非。比喻暗中勾结，随意玩弄手法，串通作弊。

22. 入木三分：唐·张怀瓘《书断·王羲之》，王羲之把祝辞写在一块木板上，再派工人雕刻。雕刻的工人在雕刻时非常惊奇，王羲之写的字，笔力竟然渗入木头三分多。形容书法笔力遒劲，亦比喻见解、议论深刻、确切。

23. 分庭抗礼：《庄子·杂篇·渔父》，"万乘之主，千乘之君，见夫子未尝不分庭伉礼。"庭，即庭院；"抗"原作"伉"，是对等、相当的意思；抗礼即行平等的礼。分庭抗礼指的是古代宾主相见，分站在庭的两边相对行礼，以示平等。比喻双方平起平坐，彼此对等。

24. 大笔如椽：《晋书·王珣传》，"珣梦人以大笔如椽与之，既觉，语人曰：'此当有大手笔事。'"东晋王珣梦到有人送他如椽子一样的大笔，醒来后便负责起草了朝廷要发出的哀策、讣告这样大手笔的事情。椽，放在檩子上架着屋顶的木条。像椽子那样大的笔。形容著名的文章，也指有名的作家。

25. 开门揖盗：《三国志·吴志·孙权传》，"况今奸宄竞逐，豺狼满道，乃欲哀亲戚，顾礼制，是犹开门而揖盗，未可以为仁也。"孙策死，孙权悲。张昭劝他："现今奸邪作乱，互相争夺，豺狼当道，如果只顾悲哀，而不去考虑大事，这就好像开着门请强盗进来一样，岂不自招祸患。"揖，拱手作礼。开门请强盗进来。比喻引进坏人，招来祸患。

26. **弄巧成拙**:宋·黄庭坚《拙轩颂》,"弄巧成拙,为蛇画足。"弄,卖弄,耍弄;巧,灵巧(指心思);拙,笨拙。想要巧妙的手段,结果反而坏了事。

27. **沆瀣一气**:宋·钱易《南部新书》,"乾符二年,崔沆放崔瀣榜,谈者称'座主门生,沆瀣一气。'"门生崔瀣谢恩师崔沆,"沆""瀣"二字合起来表示夜间的水气、雾露。"沆瀣一气"意思是,他们师生两人像是夜间的水气、雾露连在一起。原比喻气味相投的人连结在一起,也比喻臭味相投的人结合在一起。

28. **水落石出**:宋·欧阳修《醉翁亭记》,"野芳发而幽香,佳木秀而繁阴,风霜高洁,水落而石出者,山间之四时也。"宋·苏轼《后赤壁赋》:"山高月小,水落石出。"原指一种自然景象,后多比喻事情终于真相大白。

29. **瓜田李下**:魏晋·曹植《君子行》,"君子防未然,不处嫌疑间,瓜田不纳履,李下不整冠。"经过瓜田,不要弯下身来提鞋,免得人家怀疑摘瓜;走过李树下面,不要举起手来整理帽子,免得人家怀疑摘李子。意指正人君子要主动远离一些有争议的人和事,避免引起不必要的嫌疑。也指易引起嫌疑的地方。

30. **白头如新**:汉·邹阳《狱中上书自明》,"语曰:白头如新,倾盖如故,何则?"有些人虽然相交已久,却如同初识一般,互不了解。有些人刚刚认识,却好像认识了很久一样,一见如故。形容感情不深。

31. **防微杜渐**:《宋书·吴喜传》,"且欲防微杜渐,忧在未萌。"微,微小;杜,堵住;渐,指事物的开端。错误或坏事刚冒头就及时制止,不让它发展。

32. **罚不当罪**:《荀子·正论》,"夫德不称位,能不称官,赏不当功,罚不当罪,不祥莫大焉。"荀况认为,品德和地位不相称,才能和官职不相称,赏赐和功劳不相称,处罚和罪行不相称,那就会带来极大的不幸和严重的后果。"罚不当罪"指处罚和罪行不相当。

二、高频考查成语积累

1.(2017年全国卷Ⅰ)国家"一带一路"战略的实施,给古丝绸之路的沿线城市带来了活力,很多城市对未来踌躇满志,跃跃欲试。

2.(2008年江西卷)到半夜,小说终于脱稿了,他踌躇满志地摸着胡子,长长地松了口气。

踌躇满志:踌躇,从容自得的样子;满,满足;志,志愿。形容对自己取得的成就非常得意。例1里说的是"城市对未来",对象错误,不合语境。例2使用正确。

3.(2017年天津卷)大多数人的心目中,真与美并不是一回事,尤其是文艺复兴以后,美成为人文素养中的主要内涵,真与美就南辕北辙了。

4.(2015年山东卷)联合国大会曾经两次召开会议,讨论是否应该废除死刑的问题,但因各方立场南辕北辙,讨论无果而终。

5.(2013年江苏卷)读者欣赏作品清新的故事,却忽略了蕴藏的热情,欣赏文字的朴实,却忽略了作品隐伏的悲痛,实际上近于南辕北辙。

6.(2007年广东卷)我俩考虑问题时,他习惯从大的方面着眼,我总是从具体方法入手,虽然南辕北辙,但总能殊途同归。

南辕北辙:心里想往南去而车子却向北行。指行动与目的相反。例3是"美""真"两种认识,例4是立场不同,例5是"欣赏"与"忽略"的关系,均为对象误用。例6"殊途同归"显然与"南辕北辙"含义不符,使用错误。

7.(2016年全国卷Ⅰ)在那几年的工作学习中,杨老师给了我很大的帮助,他的教导在我听来如同空谷足音,给我启示,带我走出困惑。

8.(2014年辽宁卷)在全省经济发展座谈会上,李教授的讲话直击时弊,同时又颇具前瞻性,对于当前经济工作而言,可谓空谷足音。

空谷足音:在空寂的山谷里听到人的脚步声。比喻难得的音信、言论或事物。例7和例8均为极其难得的言论,使用正确。

9.(2016年全国卷Ⅰ)第二展厅的文物如同一部浓缩的史书,举重若轻地展示了先民们在恶劣的自然条件下顽强战争、繁衍生息的漫长历史。

10.(2010年江西卷)导演冯小刚把《集结号》中最重要的角色给了谷智鑫,其他演员几乎成了举重若轻的人物。

举重若轻:举起沉重的东西像是在摆弄轻的东西。比喻能力强,能够轻松地胜任繁重的工作或处理困难的问题,多用于人。例9指的是展厅的文物,对象误用。例10表意为地位的轻重,应为"无关紧要"。

11.(2016年全国卷Ⅰ)这部翻译小说虽然是以家庭生活为题材的,却多侧面、多视角地展现出那个时代光怪陆离的社会生活画卷。

12.(2002年全国卷)面对光怪陆离的现代观念,他们能从现实生活的感受出发,汲取西方艺术的精华,积极探索新的艺术语言。

光怪陆离:形容形状奇怪,色彩繁杂,中性词(不能用来形容人),也形容事物离奇多变。例11和例12用来修饰社会生活是正确的。

13.(2016年全国卷Ⅱ)这次会谈并没有其他人员参加,他们两个人又都一直讳莫如深,所以会谈内容就成为一个难解之谜。

14.(2010年新课标卷)开发商们对商品房面积的计算方式一直讳莫如深,由此导致的开发商与业主之间的经济纠纷经常发生。

15.(2005年江苏卷)导演对筹拍的这部电视剧主要角色的人选讳莫如

深,记者得不到任何信息,大失所望。

讳莫如深:讳,隐讳;深,事件重大。原意为事件重大,讳而不言。后指把事情隐瞒得很紧。三个例子里的使用都是正确的。

16.(**2016年全国卷Ⅱ**)那些航空领域的拓荒者,很多已经离开人世,但他们筚路蓝缕的感人形象一直深深印在人们的记忆中。

17.(**2006年山东卷**)近年来禽流感在国内时有发生,危害极大,各级政府必须筚路蓝缕,积极作好预防,以免给人民的生命财产带来损失。

筚路蓝缕:筚路,柴车;蓝缕:破衣服。驾着简陋的车,穿着破烂的衣服去开辟山林。形容创业的艰苦。例16正确。例17句中误当做事先做好准备,误解词义,应改为"未雨绸缪"。

18.(**2016年全国卷Ⅱ**)正在悠闲散步的外科主任王教授,突然接到护士电话说有个病人情况危急,他立刻安步当车向医院跑去。

19.(**2001年全国卷**)当时暴雨如注,满路泥泞,汽车已无法行走,抢险队员们只好安步当车,跋涉一个多小时赶到了大坝。

安步当车:安,安详,不慌忙;安步:缓缓步行。以从容的步行代替乘车。例18中"病人情况危急",例19"抢险"均是紧张的语境,成语使用错误。

20.(**2016年全国卷Ⅲ**)这几幅书法作品笔走龙蛇、流畅飘逸,在本次春季拍卖会上一亮相,就引起了国内外藏家的极大兴趣。

21.(**2009年安徽卷**)现在少数媒体放着有重要新闻价值的素材不去挖掘,反倒抓住某些明星的一点逸闻就笔走龙蛇,这种做法真是令人费解。

笔走龙蛇:形容书法或文章生动洒脱而有气势。例20用来形容书法作品,使用正确。例21对象错误,可改为"大肆渲染"。

22.(**2016年全国卷Ⅲ**)天寒地冻、滴水成冰的季节终于过去,春天在大家的盼望中姗姗而来,到处都涣然冰释,生机勃勃。

23.(**2008年四川卷**)微笑像和煦的春风,微笑像温暖的阳光,它蕴涵着一种神奇的力量,可以使人世间所有的烦恼都涣然冰释。

24.(**2003年春全国卷**)由于太平洋暖流的影响,去年春天来得早,春节刚过,北海公园就涣然冰释,让喜欢滑冰的人大失所望。

涣然冰释:涣然,流散的样子;释,消散。像冰遇热消融一般。形容疑虑、误会、隔阂等完全消除。例22、例24用来形容景色、例23用来指烦恼,例子都是错误的。

25.(**2016年全国卷Ⅲ**)这块神奇的土地上,既有浩如烟海的传统文化典籍,也有丰富多彩的民俗文化和各种流派的现代艺术,这些都深深吸引着前来参观的外国友人。

26.（2013年全国卷Ⅰ）泰山几千年来都是文人墨客们向往的圣地,在浩如烟海的中华典籍中,留下了众多颂扬泰山的诗词文章。

浩如烟海:浩,广大;烟海,茫茫大海。形容典籍、图书等极为丰富。例25、例26都是修饰对象"典籍",两例均正确。

27.（2016年山东卷）持续多日的强降雨导致部分地区山洪暴发,农田被淹,房屋倒塌,灾情扣人心弦,相关部门正全力以赴组织救灾。

28.（2008年广东卷）眼看两车就要相撞。在这千钧一发之际,只听"嘎——"的一声,公共汽车司机紧急刹车,避免了一场车祸的发生。车上乘客目睹了这扣人心弦的一幕,议论纷纷,怨声载道。

扣人心弦:扣,敲打。形容诗文、表演等有感染力,激动人心。两例均对象错误。

29.（2016年浙江卷）他爱好广泛,喜欢安静的棋类运动,对热闹的纸牌游戏也来者不拒;欣赏通俗感性的流行歌曲,对庄重恢宏的交响乐也甘之如饴。

30.（2007年全国卷Ⅰ）这些战士虽然远离家乡,远离繁华,每天过着艰苦单调的生活,但是他们一个个甘之若饴,毫无怨言。

甘之若饴:感到像糖那样甜。甘,甜;饴,麦芽糖浆。指为了从事某种工作,甘愿承受艰难、痛苦。例29对象为"交响乐",对象错误。例30使用正确。

31.（2010年安徽卷）发展低碳经济首当其冲的是要坚持节约资源、保护环境的基本国策,协调资源利用和环境保护的关系,实现可持续发展。

32.（2009年广东卷）四十年来,您培养的莘莘学子,或纵横商海,运筹帷幄,或潜心学界,激扬文字……在各行各业的建设中,总是首当其冲。

33.（2006年北京卷）大英博物馆近来因财力吃紧,裁减工作人员,与中国文物有关的职位首当其冲,这样,中国文物的巡展活动自然难以开展。

34.（2000年春全国卷）据专家测算,在首都市内的空气污染中,汽车尾气的排放可算首当其冲,竟占了污染总量的45%。

35.（1995年全国卷）第二次世界大战时,德国展开了潜艇战,于是使用水声设备来寻找潜艇,成了同盟国要解决的首当其冲的问题。

首当其冲:当,承当,承受;冲,要冲,交通要道。比喻最先受到攻击或遭到灾难。例33使用正确,其他例子均不合语境。

36.（2006年全国卷Ⅱ）盗挖天山雪莲日益猖獗的主要原因是,违法者众多且分布广泛,而管理部门又人手不足,因此执法时往往捉襟见肘。

37.（2006年湖北卷）随着两个儿子的出世,家庭状况更是捉襟见肘,她不得不去打工赚钱贴补家用,可她一个没有文化的农村妇女,挣的钱少得可怜。

捉襟见肘:形容衣服破烂。比喻顾此失彼,穷于应付。两例均正确。

38.(2015年广东卷)石钟山上那些错落有致的奇石以及记载着天下兴衰的石刻令人叹为观止。

39.(2014年全国大纲卷)这个剧院的大型话剧、歌剧等演出票价不菲,让许多有艺术爱好而又收入不高的普通人叹为观止,无法亲临现场享受艺术大餐。

40.(2008年安徽卷)有段时间,沪深股市指数波动非常大,有时一天上涨几百点,有时一天下跌几百点,涨跌幅度之大令人叹为观止。

41.(2005年全国卷Ⅲ)中国改革开放以来取得的巨大成就,特别是连续十几年经济持续高速增长的表现,让各国经济界人士都叹为观止。

叹为观止:指赞美所见到的事物好到了极点。主语是人,如果是物,需要用"令人叹为观止"。例38、例41正确,例39、例40对象误用。

42.(2013年重庆卷)他的创作风格似乎很难言说,清丽、典雅、豪放、幽默都不足以概括。在当今文坛上,他的创作可谓独树一帜。

43.(2007年安徽卷)风格鲜明、体系完整、精细雅致的徽州文化,在洋洋洒洒的中华地方文化中独树一帜。

44.(2005年全国卷Ⅲ)近年来,在各地蓬勃兴起的旅游热中,以参观革命圣地、踏访英雄足迹为特色的"红色旅游"独树一帜,呈升温之势。

独树一帜:树,立;帜,旗帜。单独树起一面旗帜。比喻独特新奇,自成一家。本词在三例中从创作风格、特色文化、特色旅游三方面使用,均正确。

45.(2014年新课标卷Ⅱ)消防工作必须立足于防患未然,从提高公众的防火意识做起。

46.(2010年江苏卷)近年来,在种种灾害面前,各级政府防患未然,及时启动应急预案,力争把人民的生命财产损失降到最低限度。

47.(2010年北京卷)在积极应对自然灾害的同时,人们强烈感受到吸取经验教训的重要性,希望在未来的日子里能防患于未然。

防患未然:指在事故或者灾难、祸患发生之前就做好相应的防范工作。例45、例47正确,例46语境里灾害已经发生,不合语境。

48.(2004年湖北卷)他们差强人意的服务质量,不仅给社区居民的生活带来诸多不便,而且有损职能部门在公众中的形象。

49.(2004年山东、河南、河北、安徽、江西卷)虽然中国队小组赛初战告捷,但从比赛中整个球队在战术意识、进攻手段和体能上的表现来看,也只能说是差强人意。

50.（2002**春全国卷**）最近,那位足球明星在场上情绪低落,心不在焉,传球和防守都差强人意,真是令人失望。

差强人意:差,稍微地。大体上还能使人满意。例48语境含义为服务质量差、例50令人失望的表现,两例都是望文生义,使用错误。例49正确。

51.（2009**年宁夏卷**）日出而作,日落而息,他们就这样日复一日、年复一年地劳作生活在这片广袤的土地上,真有点令人匪夷所思。

52.（2007**年湖南卷**）在《哈利·波特》系列电影中,导演借助匪夷所思的特技,为银幕前的我们打开了一扇扇魔法的大门。

53.（2004**年吉林、黑龙江、四川、云南卷**）东方大学城在短短四年内就以2.1亿元自有资金获取了13.7亿元巨额利润,这种惊人的财富增长速度确实匪夷所思。

匪夷所思:匪,不是;夷,平常。指言谈行动离奇古怪,不是一般人根据常情所能想象的。例51是生活环境的艰苦,使用不当。例52、例53正确。

54.（2009**年宁夏卷**）眼下在某些地区,“走穴”正成为一些学者乐此不疲的事情,因为这既能提高知名度,又可带来不菲的经济收入。

55.（2006**年全国卷Ⅰ**）王大伯十分喜爱小动物,只要见到流浪的小猫小狗,他都要想办法把它们喂饱,有的人对此感到不解,他却乐此不疲。

56.（2005**年辽宁卷**）他们常年在恶劣的环境中从事科学研究工作,尽管如此,他们从未退缩过,仍然坚苦卓绝地奋斗着,并乐此不疲。这种精神是值得我们学习的。

乐此不疲:因酷爱干某事而不感觉厌烦。形容对某事特别爱好而沉浸其中,不觉得疲倦。三例均正确。

57.（2012**年湖北卷**）中国这如许的城市中,最是江城得了个中滋味,且将它淋漓尽致地挥洒出来。

58.（2008**年江苏卷**）书法是中国传统的艺术形式,风格各异的书法精品,或古朴,或隽秀,或雄浑,或飘逸,将汉字之美表现得淋漓尽致。

59.（2000**年全国卷**）“崇尚科学文明,反对迷信愚昧”图片展,将伪科学暴露得淋漓尽致,使观众深受教育。

淋漓尽致:形容文章或谈话详尽透彻,表达非常充分、透彻,也可指暴露得很彻底或非常痛快,三例均正确。

60.（2008**年湖北卷**）听到这个噩耗,老人家瘫坐在地上号啕痛哭,双手也情不自禁地颤抖起来。

61.（2009**年江西卷**）这位先生关于近代欧洲文化的大作,几乎每一页都会有文字让我感到莫名的激动,以至情不自禁地拍案叫绝。

62.(2007年江西卷)我默念了一下射击要领,下定决心,"砰"地打响第一枪,眼睛情不自禁地眨了二下,身体也随之一震。

情不自禁:禁,抑制。感情激动得不能控制。强调完全被某种感情所支配。例60、例61正确,例62是某种情况下的不由自主的行为,使用错误。

63.(2011年全国卷Ⅱ)这是一家国家级出版社,近几年来,出版了很多深受读者尤其是在校大学生喜爱的精品图书,不少作家都对他趋之若鹜。

64.(2002春全国卷)当年中国音乐家往外走,现在世界著名音乐大师趋之若鹜地进入中国。

65.(1997年全国卷)齐白石画展在美术馆开幕了,国画研究院的画家竞相观摩,艺术爱好者也趋之若鹜。

趋之若鹜:像鸭子一样成群跑过去,比喻很多人争着去。贬义词。这三例感情色彩都不对。使用错误。

66.(2012年重庆卷)老王一心想引起有关部门的重视,加之对这些文物非常熟悉,给考察团汇报时,他洋洋洒洒地说了一个多小时。

67.(2011年天津卷)洋洋洒洒的雪花,是飘舞在空中的精灵。

68.(2007年安徽卷)风格鲜明、体系完整、精细雅致的徽州文化,在洋洋洒洒的中华地方文化中独树一帜。

洋洋洒洒:形容文章或谈话内容丰富,连续不断;也形容规模或气势盛大。例66正确。例67、例68使用对象误用。

69.(2011年北京卷)下午,今年的第一场春雨不期而遇,虽然没有电视台预报的降水量大,但还是让京城一直干燥的空气变得湿润了一些。

70.(2006年山东卷)显然,打造"信用政府"和发展"民营经济"这两大热点,在民众的关注下不期而遇了。

71.(2005年辽宁卷)昨天早晨,我和多年失去联系的小刘在街上不期而遇,开始都觉得面熟,却不敢相认。"这可真是大水冲了龙王庙,一家人不认一家人啊!"当彼此叫出名字后,他笑着说。

不期而遇:期,约定。没有事先约定而意外遇见,对象应该是人。例69、例70对象误用,错误。例71中本词使用正确(划横线熟语误用)。

72.(2009年广东卷)四十年来,您培养的莘莘学子,或纵横商海……

73.(2005年广东卷)科举时代的莘莘学子,寒窗苦读,为的就是金榜题名,为的就是荣华富贵。

74.(1997年全国卷)那是一张两人的合影,左边是一位英俊的解放军战士,右边是一位文弱的莘莘学子。

莘莘学子:莘莘,众多。例74"一位"和"莘莘"逻辑错误。例72、例73完全符合。

75.（2013年浙江卷）有人多次为芦山灾区慷慨解囊,倾尽全部积蓄;也有人声明自己将细大不捐,以抗议某些慈善机构运作缺乏透明度。

76.（2007年山东卷）英国的一项科学研究显示,播放一些古典音乐能促使食客情不自禁地慷慨解囊,有助于增加酒店的收入。

77.（2004年广东卷）这种首饰的款式非常新颖、时尚,一经推出,不少爱美的女士慷慨解囊抢购。

慷慨解囊:主要用于对别人提供支援、排忧解难。例77语境错误。例76没有帮助的含义,错误。例75本成语使用正确（划横线词语误用）。

78.（2010年辽宁卷）奶奶去世已经十年了,但她生前对我的疼爱之情我却一直铭记于心,耿耿于怀,这份情和爱我任何时候都不会忘记。

79.（2008年湖北卷）同学之间应该团结友爱、互相帮助、互相体谅,绝不能因一点小事就耿耿于怀。

80.（2004年天津卷）我始终没来得及按照总编的要求修改这个剧本,几年来我一直耿耿于怀,深感有负他的嘱托。

耿耿于怀:不能忘怀,牵萦于心,多用作贬义。例78褒贬误用。例79、例80正确。

81.（2014年新课标卷Ⅰ）在全国比赛中屡获金奖的我省杂技团,当仁不让地承担了这次出国演出任务。

82.（2014年安徽卷）去年我国电子商务交易总额高达10万亿元,其中网络商品零售额超过了1.8万亿元,凭此成绩,我国当仁不让地跃居全球网络商品零售榜首。

83.（2005年全国卷Ⅲ）美国黑人电影明星福克斯和弗里曼在第七十七届奥斯卡奖角逐中当仁不让,分别夺得最佳男主角奖和最佳男配角奖。

当仁不让:原指以仁为任,无所谦让,后指遇到应该做的事就积极主动去做,不推让。例81正确,另外两例均不合语境。

84.（2012年江苏卷）等到自己也肯公然承认名叫茅盾或冰心的时候,仍不失为行不更名、坐不改姓的好汉。千秋万岁后,非但真假难辨,而且弄巧成拙。

85.（2008年安徽卷）眼下,报刊发行大战硝烟渐起,有些报纸为了招徕读者而故意编造一些骇人听闻的消息,其结果却往往弄巧成拙。

86.（2004年江苏卷）现在,许多家长望子成龙的心情过于急切,往往不切实际地对孩子提出过高的要求,其结果常常是弄巧成拙。

弄巧成拙:本想耍弄技巧,结果反而坏事。例84应为"弄假成真",例87对孩子的要求不是耍弄技巧,错误。例85使用正确。

87.(2007年浙江卷)同学们,考入大学仅仅是一个新的起点,让我们志存高远,学海无涯苦作舟,在老师们的推波助澜下,直挂云帆济沧海!

88.(2007年江苏卷)工会准备组织职工去九寨沟旅游,大家兴致勃勃,小张更是推波助澜,积极鼓动年轻人提出要搞生态自助游。

推波助澜:比喻从旁鼓动、助长事物(多指坏的事物)的声势和发展,扩大影响。贬义词。两例均褒贬误用。

89.(2011年浙江卷)日常交往中,平等是人与人之间投桃报李、礼尚往来的前提,高高在上、盛气凌人只会使人与人彼此疏离、产生隔阂。

90.(2006年重庆卷)植物也有"喜怒哀乐",养植物跟养宠物一样,对它经常给予关爱,让它"心绪"良好,它就会投桃报李,令你心旷神怡。

投桃报李:意思是他送给我桃儿,我以李子回赠他。比喻友好往来或互相赠送东西。两例均正确。

91.(2013年全国大纲卷)沉迷网络使小明学习成绩急剧下降,幸亏父母及时发现,并不断求全责备,他才戒掉了网瘾。

92.(2011年浙江卷)班长在征文比赛中得了第二名,大家都夸她是才女,她却求全责备,谦虚地说年级里水平比她高的同学有很多,自己的文章还存在很多不足。

求全责备:指对人或对人做的事情要求十全十美,毫无缺点,对别人有苛求之意。例91语境错误;例92是对自己的要求,对象错误。

93.(2012年江西卷)汶川县某领导在灾后重建工作总结会上,如数家珍般介绍了当地连年发生的较大地震灾害的情况。

94.(2003年全国卷)老王家的橱柜里摆满了他多年收藏的各种老旧钟表,每当他向慕名来访的参观者介绍这些宝贝时,总是如数家珍。

如数家珍:如,如同、像。形容对列举的事物或叙述的故事像家中的东西一样十分熟悉,例93、例94语境中原本就是自己熟悉的东西,对象错误。

95.(2011年北京卷)这位明星曾带给观众很多快乐,不少"粉丝"竞相模仿他的表演,但这次他因醉酒驾车而触犯法律的行为却不足为训。

96.(2006年全国卷Ⅱ)这样的小错误对于整个题目的要求来说是无伤大雅,不足为训的,我们决不能只纠缠于细枝末节而忘了根本的目标。

不足为训:不值得当做典范或法则。例95正确,例96错误。

97.(2012年山东卷)在这次演讲比赛中,来自基层单位的选手个个表现出色,他们口若悬河,巧舌如簧,给大家留下了深刻印象。

98.（2005 年江苏卷）辩论会上，选手们唇枪舌剑，巧舌如簧，精彩激烈的场面赢得了现场观众阵阵掌声。

巧舌如簧：舌头灵巧，像簧片一样能发出动听的乐音。形容花言巧语，能说会道。贬义。两例均为褒贬误用。

99.（2010 年山东卷）在浦东国际机场边检大厅，有这样一位服务标兵，她无论出现在哪里，脸上始终挂着一抹微笑，真诚、甜美、亲切，让人难以释怀。

100.（2005 年广东卷）我的家乡有一片竹林，万竿碧竹，郁郁葱葱，蔚为壮观。这景色让我久久难以释怀。

难以释怀：无法放弃和割舍内心的情怀和牵挂。例 99 侧重于"忘怀"，例 100 陈述对象是"景色"。两例均错误。

三、望文生义成语积累

望文生义，是仅按照成语字面意思来理解成语的含义，没有准确理解成语的整体含义。

1.哀兵必胜：哀，悲愤。两军对阵，悲愤方获胜。后指受欺侮而奋起抵抗的军队，定能取胜。

2.哀而不伤：哀，悲哀。悲哀而不过分。多形容诗歌、音乐等具中和之美。

3.爱莫能助：爱，爱惜。虽然心里爱惜同情，但无力帮助。

4.安土重迁：重，看重。安居故土，不愿随便迁往别处。

5.安之若泰：安，安然。指身处逆境或遭受挫折时能泰然处之，跟平常一样。

6.白驹过隙：隙，缝隙。像白马在缝隙前跑过。比喻时间过得很快。

7.白头如新：新，新交。白了头发的人相处如同新认识的人一样。指彼此交情不深。

8.白云苍狗：白云瞬间变苍狗状。比喻世事变幻无定，不易揣测。

9.半青半黄：比喻时机还没有成熟。也比喻其他事物或思想未达到成熟阶段。

10.暴虎冯河：冯，同"凭"。空手打老虎，徒步过大河。比喻勇猛果敢。也比喻冒险蛮干，有勇无谋。

11.杯弓蛇影：比喻因疑神疑鬼而引起恐惧。

12.筚路蓝缕：形容创业艰难。

13.便宜行事：便宜，方便合适。根据当时情况，自己决定适当的处理方法,不必请示。

14.表里山河:表,外表;里,里面。一面依山,一面临河。形容地势险要。

15.别无长物:长物,多余的东西。原指生活俭朴。现形容贫穷。

16.不孚众望:不孚,不被信服。不能被大家信服。

17.不假思索:假,借助。不借助思考就做出反应,形容做事、应答迅速。

18.不刊之论:刊,修改。比喻不能改动或不可磨灭的言论。

19.不名一文:名,占有。连一文钱也没有。形容人贫穷到了极点。

20.不忍卒读:忍,忍心。形容文章悲情,不忍心读完。

21.不甚了了:了了,清楚。指不太了解,不太清楚。

22.不胜其烦:胜,忍受。指不能忍受其烦琐。贬义词。

23.不速之客:速,邀请。不请自来的客人。

24.不为已甚:已甚,过分。指对人的责备或责罚要适可而止。

25.不瘟不火:指戏曲不沉闷乏味,也不急促。

26.不以人废言:以,因为。不因为人犯有错误,就将他的正确言论加以否定。

27.不以为然:然,对的。不认为是正确的。

28.不易之论:完全正确、不可更改的言论。

29.不赞一词:原指文章写得很好,别人不能再添一句话。现也指一言不发。

30.不知所云:不知说的是什么,指说话语言紊乱或空洞。

31.不足为训:不值得作为效法的准则或榜样。

32.惨淡经营:本来是说作画之前的苦心构思,后来形容费尽心思谋划并从事某项事情或事业。

33.侧目而视:侧目,不敢正视。意为敢怒不敢言,形容拘谨畏惧的样子。

34.曾几何时:指时间过去没有多久。

35.差强人意:差,稍微地。大体上还能使人满意。

36.尺布斗粟:形容数量很少。也比喻兄弟间因利害冲突而不和。

37.穿云裂石:穿透云霄,震裂山石。形容声音高亢嘹亮。

38.春风化雨:比喻良好的教育。

39.春意阑珊:阑珊,将尽。指春意将尽、衰落。

40.蹉跎岁月:指虚度光阴。

41.大而化之:原指使美德发扬光大,进入化境(让人感化)。现常用来表示做事疏忽大意,马马虎虎。

42.箪食壶浆:形容军队受到群众拥护和欢迎的情况。

43.道路以目:道路上以目示意,不敢交谈。形容人民对残暴统治的憎恨和恐惧。

44.灯火阑珊:阑珊,将尽。指人烟稀少、比较冷清的地方。

45.登高自卑:自卑,从低处。比喻做事情要循序渐进,由浅入深。

46.冬温夏清:儿女侍奉父母无微不至。也说冬暖夏凉。

47.洞若观火:形容观察事物非常清楚,好像看火一样。

48.耳提面命:形容师长殷切教导,褒义词。

49.二三其德:三心二意,没有定准。形容心意不专,反复无常。

50.犯而不校:校,通"较",计较。别人触犯了自己,也不计较。

51.风雨如晦:形容政治黑暗,社会不安。

52.逢人说项:比喻到处为某人某事吹嘘,说好话。

53.高屋建瓴:比喻居高临下,不可阻挡的形势。

54.更仆难数:更,换。仆,仆人。形容人或事物很多,数也数不过来。

55.功败垂成:将成功时遭到失败,含有惋惜之意。

56.功高不赏:形容功劳极大,无法赏赐。

57.含英咀华:比喻琢磨和领会诗文的要点和精神。

58.毫发不爽:爽,差错。形容细微之处都不会出差错。

59.好为人师:好,喜好。形容不谦虚,自以为是,爱摆老资格。贬义词。

60.河东狮吼:比喻悍妇发怒。

61.怙恶不悛:坚持作恶,不肯悔改。

62.毁家纾难:捐献所有家产,帮助国家减轻困难。

63.讳莫如深:指隐瞒得非常严密,惟恐别人知道。

64.火中取栗:比喻被别人利用去干冒险事,付出了代价而得不到好处。

65.祸起萧墙:祸乱从内部发生,含贬义。

66.计日程功:程功,衡量功效。工作进度按日计算,形容进展快,有把握按时完成。

67.加人一等:加,超过。形容才学出类拔萃。

68.间不容发:间,间隙。发:头发。中间的距离很小,连一根头发也容纳不下。比喻情势极为紧迫、危急。也比喻诗文严谨,语言精粹。

69.见危授命:在危急关头勇于献出自己的生命。

70.江河日下:比喻事物日趋衰落,情况一天不如一天。

71.借箸代筹:借,借用。箸,筷子。借他人筷子指画当前形势。后比喻从旁为人出主意,计划事情。

72.金针度人:度,传授。比喻把秘法、诀窍传给别人。

73.久假不归:假,借用。长期借用,不归还。

74.慷慨解囊:形容毫不吝啬地拿出钱来帮助别人。指对别人的帮助。

75.空谷足音:人迹罕至的山谷传出的脚步声。比喻难得的人事、音信或言论。

76.苦心孤诣:苦心钻研或经营,达到了很高造诣。

77.连篇累牍:形容篇幅过多,文辞冗长。

78.梁上君子:代称窃贼。

79.量入为出:根据收入的多少来确定开支的限度。

80.另起炉灶:比喻放弃原来的,另外从头做起。

81.洛阳纸贵:比喻作品有价值,广泛流传。

82.屡试不爽:爽,差错。经过多次试验都没有差错。

83.盲人瞎马:比喻面临极端危险的境况。

84.门可罗雀:门口可以张网捕捉鸟雀。后用来形容门庭冷落。

85.名山事业:可以藏之名山,世代流传的事业。多指著书立说。

86.明日黄花:明日,重阳节后。黄花,菊花。重阳节过后的菊花。比喻迟暮不遇之意。后也比喻过时的或没有意义的事物。

87.鸣锣开道:比喻为某事物出现制造舆论。

88.莫衷一是:衷,决断。不能断定哪个对,哪个不对。

89.木人石心:意志坚定任何诱惑都不动心。

90.目不窥园:窥,观赏。形容专心致志,埋头苦读。

91.目无全牛:比喻技术熟练到了得心应手的境地。

92.泥牛入海:比喻一去不复返。

93.翘足而待:比喻很快就能实现。

94.求田问舍:到处买田置屋,形容胸无大志,只知营私。

95.曲尽其妙:委婉细致地把妙处都表达出来,指表达技巧高明。

96.人心不古:人心不像古人那么忠厚淳朴,常用于慨叹人心险恶或人情淡薄。

97.如坐春风:比喻人受到良好的教育和感化。

98.三人成虎:比喻流言惑众,容易使人误假为真。

99.山高水低:比喻不幸的事情。多指人的死亡。

100.善刀而藏:善,擦拭干净。把刀擦干净,收藏起来。比喻行事适可而止,善于收敛自己。

101. 善贾而沽：等待好价钱再卖出。比喻怀才不遇，等待时机出仕以施展才能。

102. 身无长物：长物，多余的东西。形容人清贫或生活简朴。

103. 师心自用：形容固执己见，自以为是。

104. 首当其冲：比喻首先受到攻击或遭遇灾难。

105. 首鼠两端：形容迟迟疑不决或动摇不定。

106. 殊方绝域：指极远的地方。

107. 数典忘祖：比喻对于本国历史的无知，泛指忘掉自己本来的情况或事物的本源。

108. 万人空巷：多用来形容盛大集会或新奇事物把所有的人都吸引来的盛况。

109. 危言危行：危，正。说正直的话，做正直的事。

110. 文不加点：文章写得很快，不用涂改就写成。形容文思敏捷，写作技巧纯熟。

111. 五风十雨：五天刮次风，十天下场雨。形容风调雨顺。

112. 细大不捐：捐，抛弃。小的大的都不舍弃。

113. 下车伊始：比喻刚到一个新地方或新工作岗位。

114. 下里巴人：比喻通俗的文学艺术作品。

115. 胸无城府：形容待人接物坦率真诚，心口如一。

116. 一蹴而就：形容事情轻而易举，一下子就完成。

117. 一衣带水：指虽有江河湖海相隔，但距离不远，不足以成为交往的阻碍。

118. 因人成事：因，依靠。依靠别人把事情办好。

119. 遇人不淑：指女子嫁了一个品质不好的丈夫。

120. 运斤成风：运，挥动。斤，斧。比喻技术极为熟练高超。

四、对象误用成语积累

成语有固定的使用范围，如果不顾成语使用的对象和使用范围乱用，很容易造成"牛头不对马嘴"的后果。

(一)用于男女之间的

1. 白头偕老：夫妻相亲相爱，一直到老。

2. 白头之叹：指妇女被遗弃而作晚景凄凉之叹。

3. 百年好合：夫妻永远和好之意。

4. 比翼齐飞：比翼，翅膀挨着翅膀。齐飞，成双的并飞。比喻夫妻情投意合,在事业上并肩前行。《现代汉语词典》第 6 版改其义为两人在事业上并肩前进,而不再强调夫妻之间,在同学、同事之间使用皆可。

5. 海盟山誓:指男女相爱时立下的誓言,表示爱情要像山和海一样永恒不变。

6. 劳燕分飞:劳,伯劳。伯劳、燕子各飞东西。比喻夫妻、情侣别离。

7. 两小无猜:男女小时候在一起玩耍,天真烂漫,没有猜疑,也形容男女从小感情好,指纯真的感情。

8. 破镜重圆:比喻夫妻失散或决裂后重新团聚与和好。

9. 耳鬓厮磨:鬓,鬓发;厮,互相;磨,擦。耳与鬓发互相摩擦,形容亲密相处的情景。多指男女相恋的亲密情景。

10. 青梅竹马:青梅,青的梅子;竹马,儿童以竹竿当马骑。意为小儿女天真无邪、两小无猜玩耍游戏的情状,泛指自幼亲密玩耍的青年男女。

11. 牛衣对泣:形容夫妻共同过着穷困的生活。

12. 秦晋之好:春秋时,秦晋两国不止一代互相婚嫁。泛指两家联姻。

13. 琴瑟和谐:琴瑟合奏时声音非常和谐。比喻夫妻关系和谐。

14. 相敬如宾:指夫妻互相尊敬、爱护,彼此像对待客人一样。

(二)只能用于女性

1. 白华之怨:指女子失宠之哀怨。

2. 遇人不淑:指女子嫁了一个不好的丈夫,等等。

3. 及笄年华:及,到;笄,古人盘头发的簪子,古代女子 15 岁把头发绾起来,插上簪子,表示到了结婚的年龄。

4. 待字闺中:指尚未出嫁的少女,闺中,指女子居住的卧室。凡未出嫁的女子都可用此语,但已订婚的则不行。

5. 绰约多姿:形容女子姿态柔美。

6. 楚楚动人:青年妇女美丽可爱。

7. 秀外慧中:外貌秀美,内心聪慧,多指女性。

8. 豆蔻年华:指十三四岁的少女。

9. 闭月羞花:形容女子容貌美丽。

10. 碧海青天:比喻女子对爱情的坚贞。

11. 不栉进士:栉,梳头。不绾髻插簪的进士。旧指有文采的女人。

12. 沉鱼落雁:形容女子容貌美丽。

13. 春归人老:指女人青春已过,人老珠黄。

14. 从一而终:多指用情专一,一女不事二夫,夫死不得再嫁。也比喻忠臣不事二主。

15. 风韵犹存:形容中年妇女仍然保留着优美的风姿。

16. 风姿绰约:形容气质优雅,体态柔美,多指体态轻盈的美丽女子。

17. 国色天香:原形容颜色和香气不同于一般花卉的牡丹花。后也形容女子的美丽。

18. 技压群芳:群芳,比喻众女子、众美人。指人技高一筹或技艺超群。

19. 惊鸿一瞥:鸿,即鸿雁,也叫大雁。惊鸿,轻捷飞起的鸿雁。形容女性轻盈如雁艳丽的身影,多就远望而言。

20. 梨花带雨:指像沾着雨点的梨花一样。原形容杨贵妃哭泣时的姿态。后用以形容女子的娇美。

21. 明眸皓齿:明亮的眼睛,洁白的牙齿。形容女子美丽。

22. 小家碧玉:旧时指小户人家美丽的年轻女子。

(三)用于文艺作品的

1. 哀而不伤:形容诗歌、音乐等具有中和之美。也比喻处事适中,没有过度与不及之处。

2. 班香宋艳:班固和宋玉均善辞赋,以富丽见称,后以之泛称辞赋之美者。

3. 笔走龙蛇:指笔一挥动就呈现出龙蛇舞动的神态。形容书法生动而有气势、风格洒脱,也指书法速度很快,笔势雄健活泼。

4. 鞭辟入里:形容作学问切实。也形容说话、写文章分析透彻,切中要害。

5. 别出机杼:指写作另辟途径,能够创新,也比喻诗文的构思和布局新颖。

6. 别具匠心:指在技巧和艺术方面具有与众不同的巧妙构思。

7. 不落窠臼:比喻文章或艺术等有独创风格,不落伍。

8. 不枝不蔓:比喻说话或写文章简明扼要,不拖泥带水。

9. 出神入化:形容技艺达到了绝妙的境界。

10. 穿云裂石:形容歌声高亢嘹亮。

11. 春秋笔法:指寓褒贬于曲折的文笔之中的写作手法。

12. 错彩镂金:涂绘五色,雕刻金银,装饰得十分工丽。形容诗文的辞藻十分华丽。

13. 大笔如椽:像椽子那样大的笔,夸赞别人文笔雄健有力或文章气势宏大。现多指大作家,大手笔。

14. 大含细入:原指文章的内容,既包涵天地的元气,又概括了极微小的事物,形容文章博大精深。

15. 登堂入室：登上厅堂，又进入内室。比喻学问由浅入深、循序渐进、达到更高的水平。亦比喻学艺深得师传。

16. 勾画了了：描绘、描写得清楚明白。

17. 行云流水：比喻自然流畅，不受拘束（多指文章、诗文、书法等）。

18. 浩如烟海：形容文献、资料等非常丰富。

19. 呼之欲出：一召唤他就会出来似的，形容画像非常逼真，也形容文学作品的人物描写十分生动。

20. 绘声绘色：指以可见或可理解的形式来描绘或概括。形容叙述、描写得极其逼真。

21. 脍炙人口：指美味人人爱吃，比喻好的诗文受到人们的称赞和传诵。

22. 力透纸背：形容书法刚劲有力，笔锋简直要透到纸张背面。也形容诗文立意深刻，词语精练。

23. 羚羊挂角：羚羊夜宿，挂角于树，脚不着地，以避祸患。旧时多比喻诗的意境超脱。

24. 率尔成章：率尔，不经思索，随意地。不暇思索，下笔成文。形容写文章粗疏草率，不认真。

25. 珠圆玉润：像珍珠一样圆，像美玉一样光润。比喻歌声婉转优美，或文字流畅明快。

26. 长歌当哭：用长声歌咏或写诗文来代替痛哭，借以抒发心中的悲愤。

27. 入木三分：形容书法极有笔力。现多比喻分析问题很深刻。

28. 下里巴人：泛指通俗的、普及的文学艺术。

29. 栩栩如生：形容文学、艺术作品对人和其他事物的形象，描写得非常逼真，好像活的一样。

（四）形容建筑物或器物

1. 鬼斧神工：形容建筑雕塑技艺精巧。

2. 巧夺天工：形容技艺巧妙高超，只用于人工制造。

3. 美轮美奂：原本多形容建筑物雄伟壮观、富丽堂皇。现在也用来形容雕刻或建筑艺术的精美效果。

4. 玲珑剔透：形容器物精致，结构奇巧，也形容人聪明伶俐。

5. 精益求精：学术、技术、作品已经很好了，但还要追求更好。

6. 鳞次栉比：像鱼鳞和梳子齿那样有次序地排列着。多用来形容房屋或船只等排列得很密很整齐。

7. 富丽堂皇：形容房屋宏伟豪华。也形容诗文词藻华丽。

（五）一般用于坏事

1. 长此以往：一般用于坏事，并且指以后要发生的。

2. 无独有偶：不止一个，竟然还有配对的，常用于坏事。

3. 在劫难逃：旧时指注定要遭受某种灾祸，现指坏事情一定要发生。

4. 趋之若鹜：多人争着去追逐不好的事物。

5. 如蚁附膻：追逐不好的事物。意同"如蝇逐臭"。

6. 不可开交：无法摆脱或结束，多用于不好的事物。

7. 摧枯拉朽：比喻腐朽势力或事物很容易被摧毁。

8. 不可收拾：指场面、形势等往坏的方面发展而难以控制。

9. 骇人听闻：社会上发生的坏事使人听了非常吃惊、害怕。

（六）用于其他特定对象的

1. 独占鳌头：原指科举时代考试中了状元。现泛指占首位或第一名。

2. 断雁孤鸿：比喻孤身独处。多指未成婚的男子。

3. 安之若素：发生非正常情况时候，安然相处，和往常一样，不觉得有什么不合适。

4. 夭桃秾李：夭、秾，形容花、木茂盛。比喻人年少貌美，多用作祝颂婚嫁之词。

5. 林干风气（致）：林下幽静的境界。风气，风致风度。比喻女子闲雅超逸的气度。

6. 大快人心：指坏人坏事受到惩罚或打击，使大家非常痛快。

7. 箪食壶浆：形容军队受到群众拥护和欢迎的情况。

8. 德高望重：品德高尚，名望很重。适用于长辈、老年人。

9. 鼎足而立：像鼎的三只脚一样，三者各立一方。比喻三方面分立相持的局面。

10. 济济一堂：形容很多有才能的人聚集在一起。

11. 拍手称快：多指仇恨消除后的痛快。

12. 萍水相逢：只用于陌生人。

13. 起死回生：形容医术高明。

14. 情同手足：指非兄弟间感情深厚。

15. 十室九空：天灾人祸使人民流离失所的惨象。

16. 舐犊情深：比喻父母对子女的慈爱。

17. 天伦之乐：天伦指父子、兄弟等的关系。指家庭亲人之间团聚的欢乐。

18. 纵横捭阖：指在政治或外交上运用手段进行分化或拉拢。

19. 雨后春笋:比喻事物迅速大量地涌现出来。多指好事物、好现象。

20. 一笔抹杀:指轻率地把成绩、优点全盘否定,一般不用于否定错误或罪行。

21. 充耳不闻:塞住耳朵不听,形容不愿听取别人的意见。易误用为形容人专心,没有听到。

22. 一言九鼎:说话有份量。不能表示守信用。

23. 风华正茂:形容青年朝气蓬勃、奋发有为的精神面貌。

24. 凤毛麟角:凤凰身上的羽毛;麒麟头上的犄角。比喻珍贵、稀少的人或事物。

25. 鹤发鸡皮:形容老年人容颜衰老的样子。

26. 鹤发童颜:形容老年人气色好。

27. 黄发垂髫:黄发,老年人头发由白转黄;垂髫,古时童子未冠者头发下垂。指老人与儿童。

28. 黄发骀背:指长寿的老人。后亦泛指老年人。

29. 崭露头角:指青少年初显优异的才能。

30. 老气横秋:形容青年人缺乏朝气。

31. 龙驹凤雏:比喻英俊秀颖的少年。

32. 龙马精神:比喻老年人精神旺盛。

33. 耄耋之年:指年纪很大。

34. 庞眉皓首:形容老人相貌。

35. 让枣推梨:小儿推让食物的典故。比喻兄弟友爱。

36. 手足之情:比喻兄弟的感情。

37. 脱颖而出:颖:尖子。锥尖透过布袋显露出来。形容本领全部显露出来。适用于人才。

38. 妄自菲薄:过分看轻自己。形容自卑。

39. 喜结金兰:指朋友交情深厚。也指高兴地成为结拜兄弟姐妹。

五、近义辨析成语积累

1. 爱财如命、一毛不拔:都形容极其吝啬。前者侧重于性格,后者偏重于行为。

2. 爱憎分明、泾渭分明:都有界限清楚之意。前者侧重于感情,后者多指人或事的态度。

3. 安分守己、循规蹈矩:都有规矩老实的意思。前者偏重于本分的坚持,后者偏重于旧的准则。

4. 安之若素、随遇而安：都表示对任何遭遇都不在意的意思。前者指身处困境和往常一样，后者强调能适应任何环境。

5. 按部就班、循序渐进：都有遵循一定程序的意思。前者指工作计划等方面按一定步骤和规矩，后者强调学习训练等方面逐渐深入或提高。

6. 暗箭伤人、含沙射影：都比喻暗中诽谤、攻击或陷害别人。前者是用语言、行动来进行攻击。后者只是用语言影射。

7. 八面玲珑、面面俱到：都指对各方面应付得很周到的意思，前者多含贬义。

8. 跋山涉水、风尘仆仆、风餐露宿：都有旅途辛苦的意思。"跋山涉水"重在远行艰辛；"风尘仆仆"重在长途奔波忙碌；"风餐露宿"重在强调野外食宿艰难。

9. 百依百顺、唯命是从：都有怎么说就怎么做的意思。前者因为感情深厚而顺从，后者是因为上级的命令而听从（含贬义）。

10. 半斤八两、势均力敌：都有彼此不分上下之意。前者侧重水平，后者侧重力量。

11. 半途而废、浅尝辄止：都有中途停止之意。前者是中途停止的遗憾和惋惜，后者是稍做尝试就停下来。

12. 饱经沧桑、饱经风霜：都指阅历深。前者侧重于经历多，后者侧重于磨练多。

13. 抱残守缺、故步自封、墨守成规：都有因循守旧的意思。"抱残守缺"偏重在不肯接受新事物；"故步自封"偏重在自我的满足；"墨守成规"偏重在对老规矩的固执坚守。

14. 本末倒置、舍本逐末：都有主次关系处理不当的意思。前者侧重主次关系位置顺序，后者侧重主次取舍错误。

15. 比比皆是、俯拾皆是：都表示到处都是。前者侧重相同的人或事到处都是，后者仅侧重相同的物容易得到。

16. 鞭长莫及、望洋兴叹：都表示力量不够。前者侧重距离远，后者侧重能力达不到。

17. 彬彬有礼、文质彬彬、温文尔雅：都可形容人态度温和、举止斯文。"彬彬有礼"偏重礼貌；"文质彬彬"偏重于气质；"温文尔雅"偏重于性格。

18. 病入膏肓、不可救药：都表示病情严重，无法医治。前者侧重于病情严重，后者偏重于无法挽救。

19. 博闻强识、见多识广：都含有见识广的意思。前者偏重于见闻知识，后者侧重于阅历。

20. 捕风捉影、无中生有：都含凭空捏造之意。前者偏向于"风""影"，没有依据的事情，后者侧重于"无"，原本就没有。

21. 不堪设想、不可思议：都是不能想象。前者侧重于无法想象的后果，比较严重。后者侧重于深奥的不可理解的事情。

22. 不谋而合、不约而同：都指没有经过商量或约定而彼此看法、行动一致。前者侧重于需谋划的意见、观点等，后者侧重于需约定的动作、行为等。

23. 不求甚解、囫囵吞枣：都指掌握知识不透彻，或对情况不够了解。前者侧重对意思不求彻底了解，后者侧重对知识学术笼统接受。

24. 不识好歹、不识抬举：都是不理解别人对自己的好意。前者侧重于不珍惜对方的肯定，后者侧重于不懂得对方的好意。

25. 不闻不问、漠不关心：都指冷漠。前者侧重于"闻""问"等行动，后者侧重于态度。

26. 不由自主、情不自禁：都是自己控制不住自己。前者侧重于行为，后者侧重于情感。

27. 步履维艰、寸步难行：都可指行走困难。前者侧重于走路困难，后者侧重于处境困难。

28. 惨绝人寰、惨无人道：都指狠毒残暴。前者强调人世间难见的悲惨，后者侧重于超出人性。

29. 畅所欲言、各抒己见、推心置腹：都表示说出自己心里想说的话。"畅所欲言"重在说话心情；"各抒己见"偏重在发表己见；"推心置腹"重在待人真诚。

30. 侧目而视、另眼相看、刮目相看：都是看。"侧目而视"因害怕不敢看；"另眼相看"因重视或歧视换个态度看；"刮目相看"因进步很大而看。

31. 参差不齐、良莠不齐：都是不整齐。前者侧重于水平有上下区别，后者侧重于有好坏区别。

32. 陈词滥调、老生常谈：都指讲惯了的话。前者内容侧重于陈旧空泛，后者内容侧重于老话，但不一定空泛。

33. 乘人之危、落井下石：都表示趁人危难时去伤害对方。前者侧重于别人危难时候的迫害行为，后者是要趁其危难的时候置于死地。

34. 出尔反尔、反复无常：都表示经常改变。前者侧重语言，后者侧重表现。

35. 春风得意、满面春风：都有高兴之意。前者侧重于神态，后者侧重于表情。

36. 唇齿相依、唇亡齿寒：都比喻关系密切，互相依存。前者强调"依"，依存,后者强调"利""害"与共。

37. 大吹大擂、自吹自擂:都有吹嘘之意。前者无对象限制,后者只能是对自己。

38. 大发雷霆、怒不可遏:都表示愤怒。前者侧重发怒的声音和态度,后者侧重于感情的强烈。

39. 大公无私、铁面无私:都表示没有私心。前者侧重于"公",后者侧重于不顾虑权势和情面。

40. 大海捞针、海底捞月:都指白费力气。但前者侧重困难,后者侧重妄想。

41. 大庭广众、众目睽睽:都可表示有许多人的场合。前者"庭",侧重于公开场合,后者"目"侧重于多人的注目。

42. 当仁不让、责无旁贷、义不容辞:都指对任务的承担。"当仁不让"以仁为先,应该做则做;"责无旁贷"的"责",以责任为先;"义不容辞"的"义",以道义为先。

43. 得寸进尺、得陇望蜀:都比喻贪得无厌,不知满足。前者侧重于尺寸的步步推进,后者侧重于得到这个还想要那个的欲望。

44. 咄咄逼人、盛气凌人:都形容气势汹汹,使人难堪。前者侧重于追逼紧迫,形势等也可使用;后者侧重气势傲慢压人,只用于人。

45. 阿谀逢迎、趋炎附势:都有巴结奉承之意。前者用言语讨好,后者侧重态度和行为的迎合。

46. 耳闻目睹、耳濡目染:都有耳朵听到、眼睛看到的意思。前者指侧重于听到看到的过程,后者侧重听到看到后受到的影响。

47. 防患未然、未雨绸缪:都表示事前做好准备。前者重在事故发生前的预防,后者重在准备。

48. 风言风语、流言飞语:都表示没有根据的话。前者为无意传出,后者为恶意有心传出。

49. 锋芒毕露、崭露头角:都有才能显露之意。前者全部才能完全展现,有骄傲意;后者只是才能的突出,无自负意。

50. 浮光掠影、走马观花:都表示观察。前者比喻印象不深刻,后者比喻粗略地观察事物。

51. 改过自新、痛改前非:都有改正错误的意思。前者侧重于未来,后者侧重于过去。

52. 改邪归正、弃暗投明:都指从坏的方面转到好的方面来。前者侧重于不再做坏事,后者偏重指在政治上脱离反动势力,投向进步势力。

53. 苟且偷安、得过且过：都形容只顾眼前。前者"安"侧重贪图眼前的安逸，后者偏向于工作马虎。

54. 狗尾续貂、画蛇添足：都有将东西放在后边而不好之意。前者指拿不好的东西续在好的东西后面，显得不相称；后者比喻多余的事，显得不合适。

55. 孜孜不倦、废寝忘食：都具有非常勤奋、努力的意思。前者更侧重工作的过程勤勉，后者侧重于专注。

56. 孤注一掷、破釜沉舟：都有最后时刻拼搏求胜的意思。前者侧重尽全力拼搏，后者侧重于断绝后路来拼搏的决心。

57. 光明磊落、光明正大：都含有心地光明的意思，都能用于人及其言行。前者侧重于精神品质，后者侧重于行为。

58. 含糊其词、闪烁其词：都指说话不清楚、不明确。前者侧重于内容含糊不清，后者侧重于态度遮掩躲闪。

59. 和蔼可亲、和颜悦色、平易近人：都可形容态度温和。"和蔼可亲"和"平易近人"都有使人容易接近或亲近的意思，并多用于领导、长辈；"和颜悦色"没有使人容易接近的意思，也不限于长辈。形容温和时，"和颜悦色"偏重于脸部表情；"和蔼可亲"和"平易近人"偏重于态度、作风等。

60. 花天酒地、醉生梦死：都形容腐朽糜烂的享乐生活。前者偏重迷恋酒色，后者偏重糊涂生活。

61. 荒诞不经、荒诞无稽、荒谬绝伦：都表示荒唐之意。"荒诞不经"侧重于不近情理的荒唐；"荒诞无稽"侧重于无法考查的荒唐；"荒谬绝伦"侧重没人可以比得上的荒唐，语气最重。

62. 挥金如土、一掷千金：都形容极度挥霍。前者偏重在对钱财的轻视，后者偏重在一次花钱之多。

63. 回味无穷、耐人寻味：都形容意味深长。前者只侧重事后的回忆，后者不仅仅指事后，也可以是当时。

64. 魂不守舍、失魂落魄：都可形容精神恍惚的样子。前者侧重精神不集中，后者侧重受刺激后的失常。

65. 浑然一体、水乳交融：都有很难分开的意思。前者指事物整体性很强，各部分之间没有缝隙；后者是混合之后各部分互相融合。

66. 疾恶如仇、深恶痛绝：都含有厌恶、憎恨之意。前者侧重仇人般的痛恨，后者痛恨到了极点。

67. 见利忘义、利令智昏：都表示为私利而做坏事。前者重在对道义的遗忘，后者重在头脑发昏。

68.居心叵测、高深莫测:都指内心无法推测。前者侧重内心险恶,后者侧重内心高深难测。

69.举一反三、触类旁通:都指在接受新事物的过程中有较强的类比能力。前者侧重于知识的理解力,后者侧重掌握知识和技能。

70.空前绝后、凤毛麟角:都表示稀有。前者侧重于任何时间里的稀有,含夸张;后者侧重珍贵。

71.口蜜腹剑、笑里藏刀:都形容阴险狡诈。前者侧重于言语甜蜜,后者偏重于脸上含笑。

72.老谋深算、深谋远虑、深思熟虑:都有深远打算的意思。"老谋深算"侧重于周密筹划;"深谋远虑"侧重于长远考虑;"深思熟虑"侧重于细致的考虑。

73.老气横秋、老态龙钟:一般都是形容老年人。前者侧重于神态,后者侧重于行动。

74.历历在目、记忆犹新:都可表示清楚地记得往事。前者偏重于情景再现,后者偏重于记忆保持。

75.恋恋不舍、流恋忘返:都有舍不得离开的意思。前者范围较广,后者侧重于对景色的留恋。

76.另眼相看、刮目相看:都有特别看待之意。前者是不同的人比较,后者是同一人过去、现在的比较。

77.六神无主、心惊肉跳:都形容惊惧不安。前者侧重于慌乱无头绪,后者侧重于害怕不安。

78.络绎不绝、川流不息:都表示来往不绝。前者侧重于行人、车马往来,后者侧重车船行人像流水一样不断。

79.美不胜收、美轮美奂、琳琅满目:都形容美好的事物很多。"美不胜收"偏重于来不及看;"美轮美奂"偏向于房屋;"琳琅满目"偏重于满眼都是。

80.明察秋毫、明察暗访:都有调查的意思。前者侧重于微小之处,后者侧重于明暗结合。

81.秣马厉兵、严阵以待:都有做好战斗准备的意思。前者侧重于行动,后者偏重于阵势。

82.目光如豆、鼠目寸光:都比喻目光短浅,看不到远处。前者看不到全局,后者看不到将来。

83.目不暇接、应接不暇:都可形容东西很多,看不过来。前者指看不过来,后者还指无法应付。

84. 迫不及待、刻不容缓：都形容紧迫。前者侧重心情迫切，后者侧重事情急迫。

85. 恰到好处、恰如其分：都表示做事、说话达到适当的程度。前者侧重恰巧到了最好的地步，后者偏向于正合分寸。

86. 日新月异、突飞猛进：都表示进步、发展很快。前者侧重变化快，后者侧重进展迅速。

87. 身先士卒、以身作则：都有亲自做出榜样的意思。前者偏重于自己带头去做，后者侧重于自己做出榜样。

88. 势如破竹、一泻千里：都指无阻碍的发展。前者指作战或工作节节胜利毫无阻碍；后者形容江河水奔流直下，比喻文笔奔放畅达。

89. 耸人听闻、骇人听闻：都有使人听后感到震惊之意。前者侧重歪曲、捏造事实，后者侧重于指卑劣、残暴的事实本身。

90. 随机应变、看风使舵、见机行事：都指能够跟着形势做事。"随机应变"侧重指灵活机动，褒义词；"看风使舵"侧重指跟着情势随时改变立场，贬义词；"见机行事"侧重指能够抓住时机，中性词。

91. 死得其所、死有余辜：都指死的价值。前者指死得有价值，是褒义词；后者指侧重于死刑也抵偿不了的罪过。

92. 死气沉沉、万马齐喑：都形容没有一点儿生气。前者偏重指气氛压抑，后者偏重于不敢讲话。

93. 谈笑风生、谈笑自若：都有谈话时有说有笑的意思。前者侧重于谈话时的兴致，后者侧重于紧张时的镇定。

94. 忐忑不安、惴惴不安：都指心神不定。前者侧重心理状态，后者侧重害怕愁苦的内心活动。

95. 逃之夭夭、溜之大吉：都是指逃跑。前者侧重慌张，后者侧重偷偷溜走。

96. 同心协力、同舟共济：都指团结一心，共同努力。前者侧重共同努力完成任务，后者侧重共同渡过难关。

97. 天花乱坠、娓娓动听：都有说好话之意。前者夸张地说明说话动听，含贬义；后者偏向于说话生动，含褒义。

98. 推陈出新、新陈代谢：都有以新的代替旧的之意。前者强调主观努力的结果，后者强调事物的客观规律。

99. 委靡不振、无精打采：都表示精神不振作。前者侧重于意志消沉，可以形容人和物；后者侧重于人的神态。

100. 无所事事、无所作为：都表示不做事情，没有成绩的意思。前者侧重悠闲无事,后者侧重不做有意义的事。

101.无微不至、无所不至:都含有没有一处不到之意。前者形容处事待人细致周密,体贴入微,含褒义;后者多指什么坏事都干得出来,含贬义。

102.习以为常、司空见惯:都有经常见到之意。前者认为很平常,后者侧重于不觉得奇怪。

103.瑕不掩瑜、瑕瑜互见:都表示同时具有优点和缺点。前者指缺点遮不住优点,后者是优缺点都有,不分主次。

104.心不在焉、漫不经心:都表示随便、思想不集中的意思。前者侧重于不专心,后者侧重于对事情的态度。

105.心平气和、平心静气:都表示心境平和、不动感情的意思。前者侧重态度的温和,后者侧重表示心情的平静。

106.心照不宣、心领神会:都含有心里已领会、不用说出来的意思。前者多指双方或更多的人,后者多着重于一方。

107.徇私舞弊、营私舞弊:都指为私利而玩弄手段,违法乱纪。前者侧重于私情,后者侧重于自身的谋利。

108.洋洋大观、洋洋洒洒:都有内容多的意思。前者侧重指数量和种类多得可观,后者形容文章的篇幅很长。

109.杳如黄鹤、杳无音信:都有见不到之意。前者侧重一去不见踪影,后者侧重一直得不到对方的消息。

110.以身作则、身体力行、身先士卒:都表示自身言行的重要,对他人产生好的影响,都带褒义色彩。"以身作则"着重于自身做出榜样;"身体力行"着重于亲自实践,努力去做;"身先士卒"原指作战时将帅冲在士兵前面,多引申为职位高的人首先走在前面,带头去做。

111.一笔勾销、一笔抹杀:都含有全部除去的意思。前者侧重于取消、消除,后者侧重于全部否定。

112.一挥而就、一蹴而就:都指完成得很快。前者指手一动就写成,形容文思敏捷,或写字作画很快就完成;后者指一抬脚就成功,形容事情轻而易举,一下子就成功。

113.义不容辞、责无旁贷:都含有应该承担、不能推辞的意思。前者偏重在道义上不允许推托,后者偏重在责任上不可推卸。

114.鱼龙混杂、鱼目混珠:都指好坏一起。前者比喻好人和坏人混杂在一起,后者比喻拿假的东西冒充好的。

115.众目睽睽、众目昭彰:都有众人用眼睛看之意。前者侧重于注视,后者侧重于眼睛看得清楚。

116. 助纣为虐、为虎作伥：都表示帮助坏人作恶的意思，均为贬义。前者侧重于对坏人的协助，后者侧重于直接作恶。

117. 自鸣得意、自得其乐：都有很得意之意。前者侧重自以为了不起，后者侧重感到很有乐趣。

六、褒贬色彩成语积累

含有褒义色彩的成语表达的是赞美和肯定的情感态度。含有贬义色彩的成语则通常表达的是批判和否定的情感态度。个别词语因多义还有褒贬两用的色彩(详情见于多义成语积累)，积累时要注意。

(一)含褒义色彩的成语

1. 别出机杼：比喻写作不因袭前人，另辟新路。

2. 别有天地：形容风景或艺术创作的境界引人入胜。

3. 不刊之论：不可改动或不可磨灭的言论。

4. 惨淡经营：指在文学创作上费尽心思辛辛苦苦地经营筹划。后指在困难的境况中艰苦地从事某种事业。

5. 耳提面命：形容严格要求殷切教诲。

6. 凤毛麟角：比喻珍贵而稀少的人或事物。

7. 侃侃而谈：形容说话理据充分，从容不迫。

8. 苦心孤诣：指尽心竭力钻研，达到别人所无法达到的地步。

9. 来日方长：未来的日子还很长。表示事有可为，劝人不必急于做某事。

10. 名不虚传：指实在很好，不是空有虚名。

11. 目无全牛：指技艺达到相当熟练的地步。

12. 沁人心脾：形容诗歌和文章优美动人，给人清新爽朗的感觉。

13. 如火如荼：比喻声势盛大而热烈。

14. 神机妙算：形容预料准确，善于估计形势，决定策略。

15. 拭目以待：形容期望很迫切。

16. 夙兴夜寐：早起晚睡，用来形容勤劳。

17. 叹为观止：赞美所看到的事物好到了极点。

18. 同心同德：为同一个心愿、同一目的而努力。

19. 危言危行：说正直的话，做正直的事。

20. 蔚然成风：形容一种事物逐渐发展流行，形成风气。

21. 文不加点：形容文思敏捷，写作技巧高超。

22. 胸无城府：形容襟怀坦白，不隐瞒什么。

23. 洋洋大观:形容事物繁多,丰富多彩。

24. 有口皆碑:指所有的人都是活的纪念碑,比喻对突出的好人好事一致颂扬。

25. 有口无心:指不是有心说的。

26. 雨后春笋:比喻新事物大量、迅速地涌现出来。

27. 重整旗鼓:失败后,重新聚集力量再干。

(二)含贬义色彩的成语

1. 半斤八两:比喻彼此一样,不相上下。

2. 别有用心:指言论或行动另有不可告人的企图。

3. 处心积虑:费尽心机谋划、考虑。

4. 蠢蠢欲动:指敌人或坏人策划或开始进行攻击破坏活动。

5. 大言不惭:说大话,吹牛皮,一点也不害臊。

6. 弹冠相庆:是指一个人升官,他的同伙也互相庆贺。

7. 道貌岸然:指神态庄重严肃,一本正经的样子,多含讥讽。

8. 等量齐观:不管事物间的差异,同等看待。

9. 咄咄逼人:形容气势汹汹,盛气凌人,使人难堪。

10. 翻云覆雨:指反复无常或玩弄手段。

11. 粉墨登场:既指化妆上台演戏,也讽刺某些人登上政治舞台(含讥讽意)。

12. 改头换面:指只改形式不改内容,多含贬义。表面上改一下,实质上和原来的还是一样。

13. 高谈阔论:指不着边际地大发议论。

14. 冠冕堂皇:形容表面上盛大庄严的样子。

15. 过江之鲫:形容人数很多,赶时髦。

16. 邯郸学步:比喻模仿人不到家,反把自己原来会的东西忘了。

17. 沆瀣一气:比喻气味相投者结合在一起。

18. 好高骛远:指在学习或工作上不切实际地追求过高的目标。

19. 好为人师:指不谦虚,喜欢以教育者自居。

20. 虎视眈眈:形容贪婪而凶狠地盯着看,等待机会下手。

21. 绞尽脑汁:挖空心思,想尽办法。

22. 满城风雨:比喻某一事件传播很广,到处议论纷纷。

23. 明目张胆:形容公开放肆地干坏事。

24. 明哲保身:指因怕连累自己而回避斗争的处世态度。

25. 评头论足:泛指对人对事等多方议论、挑剔。

26. 巧舌如簧：形容花言巧语，能说会道。

27. 巧言令色：形容花言巧语，虚伪讨好。

28. 倾巢而动：比喻人员全部出动。

29. 趋之若鹜：比喻很多人争着去追逐不好的事物。

30. 人模人样：或指小儿有成人相，或指人态度举止俨然与身份不相称。

31. 如丧考妣：好像死了父母一样地伤心和着急。

32. 三人成虎：比喻谣传或讹传一再反复就会使人信以为真。

33. 上行下效：指上面的人怎么做，下面的人就跟着怎么做。

34. 上下其手：比喻玩弄手法，串通作弊。

35. 神气活现：表现出自鸣得意或傲慢的神态。

36. 师心自用：固执己见，自以为是。

37. 始作俑者：比喻恶劣风气的开创者。

38. 守株待兔：比喻不主动地努力，而心存万一的侥幸心理，希望得到意外的收获。

39. 死灰复燃：比喻失势的人又重新得势。也比喻已经消灭的事物又重新活动起来。

40. 天花乱坠：形容说话有声有色，极其动听，多指夸张而不符合实际。

41. 推波助澜：比喻从旁鼓动、助长事物（多指坏的事物）的声势和发展，扩大影响。

42. 忘乎所以：指因过分兴奋或得意而忘了应有的举止。

43. 为所欲为：想干什么就干什么。

44. 呜呼哀哉：指死亡或完蛋。

45. 无独有偶：虽然罕见，但不止一个，还有一个可以跟他配得上，多指不好的事物。

46. 无所不为：指什么坏事都干。

47. 无所不至：什么坏事都做或坏事都做遍了。

48. 五花八门：比喻花样繁多或变换多端。

49. 形形色色：形容很多，各种各样的都有。

50. 一唱一和：原形容两人感情相通。现也比喻二人互相配合，互相呼应。

51. 一丘之貉：比喻彼此相同，没有差别的坏人。

52. 一团和气：指互相之间只讲和气，不讲原则。

53. 衣冠楚楚：衣帽穿戴得很整齐，很漂亮，外表内心不一样。

54. 颐指气使：形容有势力的人的傲慢神情。

55. 以邻为壑：比喻把困难、灾祸推给别人。

56. 亦步亦趋：比喻因缺乏主见，任何事都模仿、追随他人。

57. 因人成事：依靠别人的力量办成事情。

58. 长此以往：长期如此下去。

59. 指手画脚：形容说话时兼用手势示意。也形容轻率地指点、批评。

60. 趾高气扬：形容骄傲自满，得意忘形的样子。

61. 炙手可热：比喻气焰盛，权势大。

62. 自命不凡：指自以为不平凡，比别人高明。

63. 左右逢源：比喻做事得心应手，顺利无阻，属于褒义；比喻处世圆滑，属于贬义。现在以贬义用法较常见。

64. 坐而论道：指空谈大道理而不见行动。

七、谦敬错位成语积累

古人注重尊卑长幼有序，行事谈吐谦卑有礼，进退有度。要求我们在使用成语时要注意谦敬得体，不要谦敬错位。

(一) 谦辞易错位的成语

1. 班门弄斧：班，指古代的巧匠鲁班。在鲁班门前耍弄斧头。比喻在行家面前卖弄本领。

2. 笨鸟先飞：表示自己能力差，恐怕落后，比别人先行一步。

3. 敝帚自珍：一个破扫把，自己也十分珍惜。比喻自己的东西再不好也值得珍惜。

4. 避让贤路：交印辞职，给才德高的人让路。常作老年引退的自谦辞。

5. 不材之木：本指不能成材的树木，常用作自谦之词，用来指自己才能平庸。

6. 不情之请：客套话，不合情理的请求(向人求助时称自己的请求)。

7. 不足挂齿：足，值得；挂齿，放在嘴上说。事情轻微，不值得一提。

8. 才疏学浅：见识不广，学问不深。

9. 诚惶诚恐：原为敬辞，是封建时代奏章中的用语，表示对皇帝既忠诚虔敬，又惶恐不安。后用来谦称自己做事有诸多忧虑，非常谨慎。

10. 德薄才疏：薄，浅；疏，空虚。品行和才能都很差。

11. 德薄能鲜：德行浅薄，才能不足。

12. 地主之谊："地主"指当地的主人，"谊"是"义"的通假字，即"责任、义务"的意思。指招待客人，这是当地的主人应尽的义务与责任。

13. 雕虫小技：比喻微不足道的技能(多指文字技巧)。

14. 东涂西抹：本指妇女涂脂抹粉。后常用作提笔作画、写字或作文的谦辞。

15. 绠短汲深：绠，打水用的绳子；汲，从下往上打水。吊桶的绳子很短，却要从深井里打水。比喻能力微薄，任务重大。

16. 恭敬不如从命：与其态度谦逊有礼，不如遵从人家的意见。

17. 姑妄言之：姑且说说。

18. 挂一漏万：挂，列举；漏，遗漏。提到一个，漏掉上万。形容列举到的很少，遗漏掉的很多，很不完备。

19. 管窥蠡测：管，竹管；窥，从小孔或缝隙里看；蠡，瓢。从竹管里看天，用瓢来量大海。比喻眼光狭窄，见识浅陋。也作"以管窥天，以蠡测海"。

20. 敬谢不敏：谢，推辞；不敏，不聪明，没有才能。恭敬地表示能力不够或不能接受。多作推辞做某事的婉辞。

21. 硁硁之见：意为粗鄙浅薄的见解。用作自谦，形容粗鄙浅薄的意思。

22. 滥竽充数：用作自谦之词。指本无才能却占据其位。

23. 聊表寸心：聊，略微；寸心，微薄的心意。略微表示一下心意。

24. 马齿徒增：谦称自己虚度年华，没有成就。

25. 绵薄之力：微薄的力量。

26. 命途多舛："命"即命运，"途"指经历，"舛"为背离，不一致之意。指命运和经历常与自己的主观愿望背离，不一致。常用作叙述自己遭遇时的谦辞。

27. 驽马铅刀："驽马"指劣马，"铅刀"指用铅做的刀，铅的硬度很低，铅刀无法锋利。借以比喻能力微薄，才识平庸。

28. 抛砖引玉：抛出砖去，引回玉来。比喻用粗浅的、不成熟的意见或文章，引出别人高明的、成熟的意见或作品。

29. 蓬荜生辉：蓬荜，编蓬草、荆竹为门，形容穷苦人家。使寒门增添光辉。用以称谢别人来到自己家里或称谢别人题赠的字画送到自己家里。

30. 千虑一得：即使愚笨的人，在很多次考虑中也总会有些可取的地方。

31. 区区此心：区区，微小、微薄。形容微不足道的一点心意或想法。

32. 犬马之养：供养父母的谦辞，指自己供养父母做得不太好。

33. 容膝之安：本指可以立足的安身之地，常用来谦称自己的居处狭小。

34. 尸位素餐：尸位，空占职位不做事。素餐，白吃饭。谦称自己未尽职责。

35. 忝列门墙：忝，辱没他人，自己有愧。表示自己愧在师门。

36. 望尘莫及：同对方相比，差之甚远。

37. 问道于盲：向瞎子问路。比喻向什么也不懂的人请教，不解决问题。

38. 无功受禄：没有功劳而得到报酬。

39. 信笔涂鸦：形容字写得很潦草。

40. 一得之功：一得，一点心得、收获。功，成绩。一点微小的成绩。

41. 一得之见：表示自己一点浅薄的意见。

42. 一得之愚：一得，一点心得。愚，愚见。谦称自己的一点愚昧的见识。

43. 一孔之见：比喻狭隘片面的见解。

44. 一枝之栖：只求得到一个藏身的地方，是自谦不存奢望的求职用语。

45. 一知半解：所知不多，理解肤浅。

46. 贻笑大方：贻，留给；大方，指见识广博或有专长的人。指让学者或行家笑话。

47. 愚者千虑，必有一得：愚笨的人多次思虑问题，也会有一次是正确的，得到一定的收获。

（二）敬辞易错位的成语

1. 不吝赐教：用于自己向别人征求意见或请教问题。

2. 大材小用：把大的材料用在小处。比喻才能很高的人屈就于低下职位，不能充分发挥其才能。

3. 当之无愧：当，承当。无愧，毫无愧色。当得起某种称号或荣誉，无需感到惭愧。

4. 鼎力相助：大力相助（表示请托或感谢时用）。

5. 高朋满座：高贵的朋友坐满了席位。形容宾客很多。

6. 高抬贵手：客套话，多用于请求对方饶恕或通融。

7. 率先垂范：带头给下级或晚辈作示范。

8. 门墙桃李：门墙，指师长之门；桃李，比喻后进者或学生。称他人的学生。

9. 泰山北斗：比喻道德高、名望重或有卓越成就为众人所敬仰的人。

10. 洗耳恭听：洗清耳朵，恭敬地听讲。形容恭敬而认真地听人讲话（多用于请人讲话时说的客气话）。

11. 虚怀若谷：胸怀像山谷一样空旷深广。形容非常谦虚。

12. 虚左以待：虚，空着；左，古时以左位为尊。空着左边的位置等待客人，表示尊敬。也泛指留出位置恭候他人。

八、常考多义成语积累

1. **看风使舵**：①指看情势办事，一般作贬义词，如"他这个人很会看风使舵，你可得提防他"；②也可作褒义词，如"在儿子临行前，父亲一再关照儿子要看风使舵，根据当时的具体情况灵活应付"。

2. **秀色可餐**：①形容女性容貌美丽动人。例一，这女子容貌娇好，秀色可餐，到哪里都犹如众星捧月一样地被男人宠爱着。②也形容景色优美，让人入迷忘饥。例二，苏杭山水果然名不虚传，秀色可餐，称之"人间天堂"实不为过。

3. **洋洋洒洒**：①形容说话或写文章才思充沛，连绵不断。例一，他才思敏捷，一眨眼就洋洋洒洒写下了近千字的文章。②也形容规模盛大，气势磅礴。例二，这个贫困县的三个领导分坐三辆轿车去基层检查工作，一路上洋洋洒洒，好不气派。

4. **眉来眼去**：①多用于男女示爱。例一，他们两个眉来眼去，早就好上了。②也指坏人之间勾勾搭搭。例二，吴三桂与多尔衮之间，早已眉来眼去，暗中交通。

5. **鬼斧神工**：像是鬼神所为。①形容建筑、雕刻技艺精湛高明，几乎不为人力所及。例一，全县都有石刻古迹，我们看了宝顶山和北山两处。作为艺术品真是鬼斧神工。②也形容山石的奇形怪状，凌然峭立。例二，黄山的怪峰奇石，形态千变万化，无怪乎人们要叹为鬼斧神工了。

6. **战战兢兢**：形容因害怕而微微发抖或小心谨慎的样子。例如，我又在北平看见摩登小姐们骑车游春，看他们那种战战兢兢的样子，实在令人不好受。

7. **登峰造极**：意思是到了极点，它有褒贬双重感情色彩。①比喻学问、技能等达到最高的境界或成就，如"杨丽萍的舞蹈艺术，可以说已达到了登峰造极的境界，美妙无比。"②比喻干坏事猖狂到了极点，如"身为人民公仆的×××，鲜廉寡耻，贪污受贿，损公肥私达到了登峰造极的地步。"③比喻达到极点(中性)。

8. **标新立异**：①可用作贬义，指提出新奇的主张，显示自己与众不同，如"他有意在诗歌中标新立异，我们可以看出他的斧凿痕迹。"②也可以用作褒义，指敢于打破陈规陋习，解放思想，进行革新创造，如"酷味十足、标新立异的娱乐先锋王菲倍受广大歌迷喜爱。"

9. **按部就班**：原指写文章时结构安排得当，选词、造句合乎规范。现在有褒贬两种色彩。①按照一定的条理、顺序做事。例一，学习科学知识，一定要按部就班。②按照惯例、老框框办事,不知变通。例二,他做事总是按部就班,缺乏创新。

10. 旁若无人:①既可以形容高傲,作贬义词,如"这个人一向自以为了不起,说起话来旁若无人。"②也可以形容态度自然,作褒义词,如"他上台发言,侃侃而谈,旁若无人"。

11. 奇文共赏:①可指共同欣赏或分析研究文章,作褒义词,如"我们的语文老师,喜欢把同学的好作文贴出来,称之为奇文共赏。"②也可以指批判有错误的文章,作贬义词,如"这篇文章错误百出,我看可以来一个奇文共赏"。

12. 高视阔步:①可以形容气概不凡,含褒义,如"屈原带着长长的宝剑,戴着高高的帽子,高视阔步,气势昂扬"。②也可以形容态度傲慢,含贬义,如"这个人一旦得势,便高视阔步,目空一切"。

13. 平铺直叙:①既可形容说话或写文章平平淡淡,没有起伏,重点不突出,含贬义,如"写《我的一天》这类文章,应该摘取二三个片段,来说明生活的意义,决不能平铺直叙"。②也可指说话或写文章时不加修饰,直接地、简单地说出自己的意思,含褒义,如"欧阳修的短文《卖油翁》平铺直叙,明白晓畅"。

14. 海底捞月:①可以比喻去做根本不能做到的事,贬义词,如"这样不用功的学生,怎样教都是海底捞月,一场空"。②也可以形容弯下身子抓起很快就要落地的东西时的动作、姿态,中性词,如"他来了一个海底捞月,救起了一个险球"。

15. 一塌糊涂:①可以指乱到不可收拾或糟到不可收拾,贬义词,如"这篇稿子他不改还好,一改反倒改得一塌糊涂"。②也可用来表示程度之深,中性词,如"听说儿子和媳妇吵得一塌糊涂,老两口连饭都没吃就赶过去劝架"。

16. 粉身碎骨:①可以比喻被彻底摧毁的下场,贬义词,如"谁要是与人民为敌,必将被历史的车轮碾得粉身碎骨"。②也可以指为了某种目的而丧失生命,褒义词,如"为了全人类的彻底解放,即使赴汤蹈火、粉身碎骨,也在所不辞"。

17. 面面俱到:①可以指各个方面都注意或照顾到了,没有一点遗漏,中性词,如"这次运动会的组织工作面面俱到,令人十分满意"。②也可以指虽然照顾到各个方面,但是一般化,贬义词,如"这篇文章介绍了语文学习的经验,虽然是面面俱到,但重点不够突出"。

18. 处之泰然:①既可以形容对待困难或紧急情况毫不在意,沉着镇定,褒义词,如"邓世昌在甲午中日海战一开始,就清楚地意识到战局的严峻,但他抱定以死报国的决心,所以直至决定与敌舰同归于尽的最后一刻,他仍是处之泰然"。②也可以指对事情无动于衷,贬义词,如"对于这种严重污染水资源的情况,我们不能处之泰然,行若无事"。

19. 胸无宿物:宿物,隔夜存放的东西。形容为人坦率,不抱成见。也形容心里藏不住话。

20. 百花齐放:指同一事物有许多做法,同一内容有多种形式。比喻艺术上不同形式和风格的自由发展。也指各种花卉一起开放。

21. 不三不四:形容人不正派、不规矩,也用来说明事物不成样子,与"不伦不类"相似。

22. 乘风破浪:比喻志向远大,不怕困难,奋勇前进。也指飞速地航行。

23. 粗枝大叶:形容简略或概括。也形容草率、不认真细致。

24. 非同小可:不同一般的小事。形容事情重要,情况严重,不可忽视。也指人的学问、本领不同寻常。

25. 高山流水:比喻知己或知音,也比喻乐曲高妙。

26. 高谈阔论:指漫无边际地大发议论,多含贬义。也指深刻的议论。

27. 海阔天空:形容大自然的广阔,也比喻想象或说话毫无拘束,漫无边际。

28. 洁身自好:指保持自身纯洁,不去同流合污。也可用做只顾自己,怕惹是非。

29. 万紫千红:现多指繁荣兴旺、丰富多彩的社会现象。也指百花盛开,色彩艳丽。

30. 无为而治:古代儒家主张的以德政治民,不用刑罚。后多指寓治于教化之中。现指放任自流、不加约束的治理方法。

31. 暗送秋波:既指献媚取宠,暗中勾结,也指有情人暗中眉目传情。

32. 不绝如缕:形容声音细微,也形容形势危急。

33. 赤膊上阵:比喻不顾一切地猛打猛冲的作风。也比喻坏人公开跳出来干坏事。

34. 春风得意:既可以指进士及第后的得意心情,也可以用来形容人官场腾达或事业顺心时洋洋得意的样子。

35. 铤而走险:形容走投无路,被迫冒险。由于现在多用来表述违法乱纪分子的行动,中性词。

36. 独善其身:既指只顾自己,缺乏集体精神,也指人要搞好自身修养。

37. 呼之欲出:①泛指文学作品中人物的描写十分生动。②指某事即将揭晓或出现。

38. 对牛弹琴:比喻对不懂道理的人讲道理,对外行人说内行话,也用来讥笑说话的人不看对象。

39.粉墨登场:既指化妆上台演戏,也讽刺某些人登上政治舞台(含讥讽意)。

40.高枕无忧:①可以比喻放松警惕,贬义词。②也可以形容无忧无虑,中性词。

41.顾影自怜:既指孤独失意的样子,也指自我欣赏。

42.拐弯抹角:形容行路曲折很多,也比喻讲话不爽直。

43.光怪陆离:形容奇形怪状,五颜六色。也形容事物离奇多变。

44.规行矩步:既比喻墨守成规,不知变通,也比喻举动合乎规矩,毫不苟且。

45.行云流水:形容诗文书法等自然流畅,不受拘束,就像飘浮着的云和流动着的水一样。也形容事物流传不远,易于消失。

46.呼风唤雨:既比喻进行煽动性活动,也比喻人能够支配自然。

47.昏天黑地:既形容人生活荒唐颓废,也形容人神志不清。

48.金玉满堂:既指占有很多财富,也比喻人很有才学,学识丰富。

49.炯炯有神:形容眼光发亮,很有精神。多用于人物,也可用于动物。

50.苦心孤诣:形容尽力钻研、经营,达到别人所达不到的地步。也形容为寻求解决问题的办法而费尽心思。

51.老气横秋:形容人摆老资格,自以为了不起的样子,也形容人没有朝气,暮气沉沉的样子。

52.冷若冰霜:既形容人不热情,不温和,也形容人态度严肃。

53.冷眼旁观:既指用冷淡的态度从旁观看,不愿参加,也指用冷静的态度从旁审视。

54.例行公事:既指只重形式,不讲实效的工作,也指按照惯例处理的公事。

55.两袖清风:比喻做官清廉,也比喻贫穷或手头没有积蓄。

56.另起炉灶:既比喻脱离集体另搞一套,也比喻重新做起。

57.另眼相看:褒义指看重和优待;贬义指用另外的眼光来看待,含有歧视的意思。

58.美轮美奂:形容新屋高大美观,也形容装饰、布置等美好漂亮。

59.绵里藏针:既比喻外貌柔和,内心刻毒,也形容柔中有刚。

60.箭在弦上:比喻事情到了不得不做或事情到了不得不说的时候;也形容事态紧张,一触即发。

61.难分难解:既指双方争吵,打斗相持不下,难以开交,也形容双方关系异常亲密,难于分离。

62.难兄难弟:彼此曾经共过患难的人或彼此处于同样困境的人。也可指讥讽二人同样坏。

63.穷形尽相:既指丑态毕露,也指描写刻画十分细致生动。

64.如虎添翼:既可以比喻强大的因增添力量更加强大,也可以比喻凶恶的因增添力量更加凶恶。

65.沙里淘金:既比喻费力大而成效少,也比喻从大量的材料中选择精华。

66.寿终正寝:指老年人死在家里,也比喻事物的消亡。

67.数米而炊:比喻把精力都放在做琐碎小事上,以至劳而无功。也形容生活困窘。

68.四平八稳:既形容说话、做事情、写文章稳当,也指做事情只求不出差错,缺乏创新精神。

69.纵横捭阖:形容在政治上运用各种手段分化争取;形容文章大开大合,不受拘束。

70.瞻前顾后:既形容做事情之前考虑周密细致,也形容顾虑太多,犹豫不决。

71.一针见血:比喻说话、写文章言辞直截、简要,能切中要害。但它的本义是一针就见到血,形容医务人员技术熟练。

72.舞文弄墨:既指歪曲法律条文作弊,也指玩弄文字技巧。

73.形若无事:既指在紧急关头镇定自若,也指对坏人坏事,听之任之,满不在乎。

74.空穴来风:原义为有了洞穴才有风进来(语出宋玉《风赋》),比喻消息和传说不是完全没有根据的,现多用来比喻消息和传说毫无根据。

九、特殊语境成语积累

有些成语的使用有自己特有的语法功能和语境限制,这提醒我们在使用成语时,要关注成语和语境之间的逻辑关系,避免误用错用。

(一)用在否定句或疑问句中的成语

成语的使用沿用了最初的语境特点,有些成语只能用于否定或疑问句中,疑问句大多为反问语气,如"怎能,怎么能……"。

1.吹灰之力:比喻极微小的力量。用于否定句。

2.等量齐观:指不管事物的差异,都同等对待。用于否定句。

3.等闲视之:把事情看得很普通平常,不加重视,毫不在意。用于否定句和疑问句。

4. 混为一谈：把不同的事物混在一起，说成是同样的事物。用于否定句和疑问句。

5. 尽如人意：事情完全符合人的心意。用于否定句和疑问句。

6. 青红皂白：比喻事情的是非、情由。用于否定句。

7. 善罢甘休：心甘情愿地罢休。指好好地了结纠纷，不再使事态持续下去。用于否定句和疑问句。

8. 天高地厚：像天那样高，像地那样厚；比喻恩情极为深厚，也比喻世事的艰难、复杂。用于否定句。

9. 同日而语：把水平不同的人或物同时放在一起讨论，即相提并论。用于否定句和疑问句。

10. 妄自菲薄：过分看轻自己。形容自卑。用于否定句。

11. 望其项背：赶得上或比得上。用于否定句。

12. 无时无刻：没有时刻。常用为"无时无刻不"，表示"每时每刻都"。用于否定句。

13. 相提并论：把不同的人或不同的事物混放在一起来谈论或看待。用于否定句和疑问句。

14. 一蹴而就：指一抬脚便成功。形容事情轻而易举，一下子就能成功。用于否定句。

15. 一概而论：指对事物或问题不做具体分析，不加区别，用同一个标准来对待或处理。用于否定句和疑问句。

（二）不能带宾语的成语

大多动词性和形容词性的成语，在句中做谓语时，不能带宾语。

1. 不谋而合：事先没有商量过，意见或行动却完全一致。

2. 不期而遇：没有约定而遇见。指意外碰见。

3. 不闻不问：人家说的不听，也不主动去问。形容对事情不关心。

4. 不屑一顾：认为不值得一看。形容极端轻视。

5. 蚕食鲸吞：像蚕吃桑叶那样一步步侵占，像鲸吞食那样一下子吞并。比喻用各种方式侵占吞并别国的领土。

6. 充耳不闻：塞住耳朵不听。形容有意不听别人的意见。

7. 出奇制胜：用奇兵或奇计战胜敌人，比喻用对方意想不到的方法来取胜。

8. 弹冠相庆：比喻一个人做了官，其他人互相庆贺，将有官可做，多用于贬义。

9. 等闲视之:把事情看得很普通平常,不加重视,毫不在意。

10. 鼎力相助:指别人对自己的大力帮助。敬辞,一般用于请人帮助时的客气话。

11. 耳濡目染:形容见得多、听得多了之后,容易受到影响。

12. 耳闻目睹:指耳朵经常听到,眼睛经常看到,不知不觉地受到影响。

13. 发扬光大:使好的作风、传统等得到发展和提高。

14. 和盘托出:比喻全部说出或拿出来,没有保留。

15. 胡言乱语:指没有根据,不符实际的瞎说,或说胡话。

16. 虎视眈眈:像老虎那样凶狠地盯着。形容心怀不善,伺机攫取。

17. 浑然不觉:完全没有觉察到。

18. 家喻户晓:每家每户都明白,谓人人皆知。

19. 斤斤计较:对无关紧要的事过分计较。

20. 津津乐道:很有兴趣地说个不停。

21. 精打细算:精密地计划,详细地计算。指在使用人力物力时计算得很精细。

22. 侃侃而谈:形容理直气壮地谈论或演讲。

23. 夸夸其谈:形容说话、写文章浮夸,不切实际。

24. 乐此不疲:因喜欢做某事而不知疲倦。形容对某事特别爱好而沉浸其中。

25. 漠不关心:形容对人或事物冷淡,一点也不关心。

26. 漠然置之:指对人或事态度冷淡,放在一边不理。

27. 念念不忘:形容牢记于心,时刻不忘。

28. 萍水相逢:浮萍随水漂泊,聚散不定。比喻向来不认识的人偶然相遇。

29. 求全责备:苛责别人,要求完美无缺。

30. 身体力行:亲身体验,努力实行。

31. 生死攸关:关系到生和死。指生死存亡的关键。

32. 失之交臂:形容当面错过。

33. 视而不见:尽管睁着眼睛,却什么也没看见,形容不注意或不重视。

34. 熟视无睹:虽然经常看见,还跟没看见一样,指对客观事物不关心。

35. 司空见惯:看惯了就不觉得奇怪。

36. 妄自菲薄:指毫无根据地看轻自己或自轻自贱。

37. 无可非议:没有什么可以指责的,表示做得妥当。

38. 无可厚非:不能过分责备。指说话做事虽有缺点,但还有可取之处,应予谅解。

39.无人问津:比喻没有人来探问、尝试或购买。

40.嬉笑怒骂:指人的各种神情。比喻不论什么题材和形式,都能任意发挥,写出好文章来。

41.洗耳恭听:洗干净耳朵,恭恭敬敬听别人讲话。这是请人讲话时的客气话,也指专心地听。

42.喜闻乐见:喜欢听,喜欢看。形容很受大众欢迎。

43.现身说法:指佛力广大,能现出种种人相,向人说法。现指以亲身经历和体验为例来说明某种道理。

44.心领神会:指对方没有明说,心里已经领会。

45.信手拈来:随手拿来。多形容写文章时词汇或材料丰富,不费思索,就能写出来。

46.一窍不通:没有一窍是贯通的。比喻一点儿也不懂。

47.一无所知:什么也不知道。

48.正襟危坐:整一整衣服,端正地坐着。形容严肃或拘谨的样子。

49.置若罔闻:放在一边,好像没有听见似的。指不予理睬。

50.置之不顾:放在那儿不管。

51.谆谆告诫:恳切、耐心地劝告。

52.谆谆教诲:恳切、耐心地教导。

53.自怨自艾:原意是悔恨自己的错误,自己改正。现在只指悔恨。

(三)容易重复累赘成语

有些语境中,把成语语素内已经包含了的意思,在语境中又进行了陈述,从而造成了重复错误。

1.记忆犹新:至今还记忆犹新。("犹"与"还"重复)

2.贻笑大方:指让内行人笑话。作谓语;含贬义,用于自谦。(错:让人贻笑大方)

3.南柯一梦:形容一场大梦,或比喻一场空欢喜。(错:一场南柯一梦)

4.相形见绌:和同类的事物相比较,显出不足。(错:显得相形见绌)

5.如芒在背:形容极度不安。作谓语、状语、定语;含贬义。(错:好像如芒在背)

6.责无旁贷:自己应尽的责任,不能推卸给旁人。(错:责无旁贷的责任)

7.妄自菲薄:过分看轻自己。形容自卑。(错:过分的妄自菲薄的成绩)

8. 漠不关心:漠,冷淡。态度冷淡,毫不关心。(错:漠不关心百姓的疾苦)

9. 司空见惯:司空,古代官名。指某事常见,不足为奇。(错:司空见惯了腐败现象)

10. 穷途末路:形容到了无路可走的地步。(错:逼得穷途末路)

11. 当仁不让:遇到应该做的事就积极主动去做,不推让。(错:当仁不让的责任)

12. 深思熟虑:反复深入地考虑。(错:深思熟虑的建议)

13. 忍俊不禁:忍俊,含笑;不禁,禁不住,抑制不住。指忍不住要发笑。不能用作"忍俊不禁地笑了"。

14. 难言之隐:隐,隐情。深藏于内心难以说出口的隐情。不能用成"难言之隐的苦衷"。

15. 遍体鳞伤:遍,全部;鳞,鱼鳞,这里指伤痕布满全身,像鱼鳞一样密;形容伤势严重。不能用作"浑身被打得遍体鳞伤"。

16. 当务之急:指当前急需办理的事情。不能用作"目前的当务之急"。

17. 接踵而至:踵,脚后跟;接踵,一个跟着一个。形容很多人接连而来。不能用作"接踵而至地闯进来"。

18. 津津乐道:津津,兴味很浓的样子。指饶有兴味地说个不停。不能用作"津津乐道地说"。

19. 闻名遐迩:遐,远;迩,近。远近都闻名,形容名声很大。不能用作"海内外闻名遐迩"。

20. 生灵涂炭:生灵,指百姓。涂炭,沼泥和炭火,比喻困苦的境地,指社会混乱时期老百姓处于极端困苦的境地。不能用作"使我国人民生灵涂炭"。

21. 安居乐业:安定地生活,愉快地从事自己的职业。不能用作"人民的生活安居乐业"。

22. 自惭形秽:惭,惭愧;秽,丑陋,肮脏。原指自己因为容貌风度不如别人而感到惭愧,后泛指自己因为不如别人而感到惭愧。不能用作"感到自惭形秽"。

23. 扪心自问:扪,摸。摸着胸口自问,指自我反省。形容心地坦然,光明正大。不能用作"扪心自问的自责"。

24. 真知灼见:灼,明白透彻,指正确透辟的认识和见解。不能用作"提出真知灼见的意见"。

25. 满腹经纶:经纶,原指整理过的丝缕,引申为治国或办事的能力。形容人很有学问或富有政治才能。

26. 众所周知：周，普遍、全。大家都知道。不能用作"这是大家众所周知的"。

27. 不虞之誉：虞，预料。出乎意料的称赞。不能用作"没有想到却受到了不虞之誉"。

28. 孑然一身：指孤单一人，前不能加"独自"。

29. 恍然大悟：恍然，猛然醒悟的样子；悟，明白，觉醒。突然间一切都明白了。不能用作"我心里突然觉得恍然大悟了"。

30. 任重道远：负担沉重，路程遥远。比喻责任重大，需要长期的艰苦奋斗。不能用作"任重道远的责任"。

31. 破天荒：比喻从未有过的事情第一次出现。不能用作"破天荒的第一次"。

32. 方兴未艾：方，正在；兴，兴起；艾，停止。形容事物正在蓬勃发展，一时不会停止。不能用作"正方兴未艾"。

33. 芸芸众生：原为佛教语，指一切有生命的东西。后用以指众多的普通百姓，不能用作"众多的芸芸众生"。

34. 耿耿于怀：耿耿，心里有事，很不安宁的样子。有事老是放在心上，不能忘怀。不能用作"心里一直耿耿于怀"。

35. 感激涕零：涕，泪；零，落。感动得流下了眼泪，形容非常感激。不能用作"感激涕零得流下了眼泪"。

36. 历历在目：一个一个清清楚楚地呈现在眼前。不能用作"往事历历在目地出现在眼前"。

37. 刻骨铭心：镂刻在骨头上或心里，比喻感念深刻，永难忘记。不能用作"令人难忘的教训刻骨铭心"。

(四)特殊语言环境成语

一些成语的使用只能用于特定的语言环境，辨别和使用时要重点留意。

1. 力挽狂澜：用于险恶的局势。

2. 相濡以沫：用于困境中的互助。

3. 名不虚传："名"是"名誉"，是好名声，一般名声不可用。

4. 耳濡目染：这词语的主语只能是被感染者，而不能是感染者。

5. 不可开交：只能做"得"的补语。

6. 别无长物：只能用于贫穷。

7. 叹为观止：主语是人。如果主语是物，要说"令人叹为观止"。

8. 赏心悦目：主语是人。如果主语是物，要说"令人赏心悦目"。

9. 司空见惯：只用于偶然发生的事情又经常听到看到的语境。

10. 七手八脚：用于人多手杂纷乱的语境。

11. 不堪设想：指预料事情会发展到很坏的地步。

12. 城下之盟：政治军事上用于被迫签订的屈服性和约。

13. 春秋鼎盛：旧时比喻人正当壮年，精力充沛。人年龄正处于旺盛、强壮之际。

14. 东山再起：指人再度出任要职。也比喻失势之后又重新得势。

15. 耳提面命：形容长辈对晚辈教导热心恳切。

16. 反戈一击：调转矛头向自己原来的营垒进攻。

17. 分庭抗礼：庭，庭院；抗礼，平等行礼。原指宾主相见，分站在庭的两边，相对行礼。现比喻平起平坐，彼此对等的关系。

18. 耿耿于怀：对不愉快的事老放在心里，不能忘怀，牵萦回绕。

19. 广开言路：指领导者尽量给下面创造发表意见的条件。

20. 涣然冰释：形容疑虑、误会、隔阂等完全消除。

21. 集思广益：指集中群众的智慧，广泛吸收有益的意见。用于领导者。

22. 狼狈为奸：比喻双方互相勾结起来干坏事。

23. 泥沙俱下：比喻好坏不同的人或事物混杂在一起，一同显现出来。

24. 平分秋色：秋色：秋天景色。比喻双方各得一半，不分高低，表示平局。

25. 萍水相逢：比喻互不相识的人偶然相遇。

26. 狭路相逢：在很窄的路上相遇，没有地方可让。后多用来指仇人相见，彼此都不肯轻易放过。

27. 宵衣旰食：形容为处理国事而辛勤地工作。

28. 风声鹤唳：惊慌疑惧，常与"草木皆兵"连用。有人用"杀得风声鹤唳"来形容战斗激烈，错误。

29. 雨后春笋：比喻事物迅速大量地涌现出来。多指好事物、好现象。

30. 一笔抹杀：指轻率地把成绩、优点全盘否定，一般不用于否定错误或罪行。

31. 充耳不闻：塞住耳朵不听，形容不愿听取别人的意见。易误用为形容人专心，没有听到。

32. 一言九鼎：说话有分量。不能表示守信用，也不能用于自己。

33. 凤毛麟角：凤凰身上的羽毛；麒麟头上的犄角。比喻珍贵、稀少的人或事物。

34. 妄自菲薄：过分看轻自己。形容自卑。

第三课　解题技巧指导

本课学习目标

1.利用成语的结构猜测成语含义,应对考试中出现的备考遗漏成语。

2.能根据语境特点判断成语使用的正误。

3.通过成语的重点词的理解来准确把握成语含义。

4.利用虚词的关联作用理解成语的含义和辨析虚词。

课时建议:4课时。

一、巧借成语结构解释成语

成语重在积累,通过积累可以实现从量变到质变的提升。但由于汉语成语的数量很大,要全部记住不大可能。当答题过程中出现不熟悉的成语时,除了用常规的排除法外,还可以利用成语的内部结构来猜词作答。

(一)成语的结构

成语的内部结构一般分为单一结构和复合结构。

单一结构即成语是一个整体的存在,各个语素共同组成一个完整的意思,语素之间不可分割,如"胡说八道""乱七八糟""扭扭捏捏"等。

复合结构,大多数的成语都是由两个或两个以上的部分组合而成,部分与部分之间,部分内部语素与语素之间有着不同的关联结构。如:并列(千山万水)、偏正(不速之客)、动宾(大显身手)、主谓(肝胆相照)、承接(画蛇添足)、假设(死不瞑目)、递进(得陇望蜀)、转折(南辕北辙)、因果(亡羊补牢)。并列的两个部分内部又有"并列 + 并列""偏正 + 偏正""主谓 + 主谓"等等。可以说成语的每个语素都可化而为句,分析每个语素间的关系就如同分析句子内部分句间的关系。根据成语语素间的关系,结合已知语素词意来推测未知语素的含义,进而猜测成语的大致含义,可以帮助我们弥补备考过程中的疏漏,快速答题。

例如:箪食壶浆,从"食""浆"的词性含义和位置来推断,这个成语应该是并列关系,即箪食|壶浆。又因为"食"和"浆"上下对应,均是名词,一种食物,推测"箪"和"壶"也是对应关系,均是一种容器。两个名词连用,应有名词动用。即为用容器装着食物和酒水。

又如:(2011年浙江卷)班长在征文比赛中得了第二名,大家都夸她是才女,她却求全责备,谦虚地说年级里水平比她高的同学有很多,自己的文章还存在很多不足。

"求""责"二字是很常见的实词,意为"要求",两词意思相近,位置相对,可以断定"求全责备"是"动宾+动宾"的并列关系;那么全、备二字应该是近义词。即完美的意思,成语意思为对人或对人做的事情要求十全十美,毫无缺点,指对别人的苛求。

(二)利用成语结构猜词解题

利用成语结构猜词解题,要注意以下几点:

第一,要将四字成语拆为多个部分,大多数为"二二"分,如"情不|自禁""不刊|之论""秋毫|无犯""趋之|若鹜"等等;但也有例外,如"一一一"式(青|红|皂|白)、一三式(文|不加点)、三一式(堂而皇|之)。拆分的时候要从词性和虚词等多方面综合考虑,不能一概而论。

第二,拆分后对词意进行猜测时,要遵循古文大多"以字为词"的原则,不能看见熟悉的双音节词就望文生义,要仔细分辨。如:"登高|自卑"的"自卑"应为"自|卑","自"为介词"从"。

第三,结合"相同位置词性意义相似或相反""动宾、动补、定中等语法知识"综合猜测词语含义,帮助做题。

例如:(2017年全国卷Ⅲ)约翰逊的学术方法虽比较新颖,但其学术成果得到学术界公认的却不是很多,再加上其追随者大都等而下之,以致他的学术地位一直不高。

"等而下之",这个成语并不常见,备考中容易漏掉。我们可以通过分析成语内部语素间的结构关系来猜测成语的含义。虚词"而"将成语分为"等而|下之"两部分。"之"代词,放在词尾大多为代词,可猜测指代前面的"等","下"表示位置或层次的下一层。那么两部分关系即为递进关系。"等"一般意为平等,则"等而下之"含义为齐平再往下一级。符合语境。判断为正确。(等而下之,正确解释为由这一等级逐级往下。)

例如:(2017年全国卷Ⅰ)赵老师学的是冷门专业,当年毕业时,不少同学离开了该领域,而他守正不阿,坚持致力于该专业的教研工作,最后硕果累累。

"守正不阿",常见的四个语素组成了一个不常见的成语,首先,我们从"刚正不阿"推测出"不阿"为"不偏、不弯曲"。则四字成语"守正不阿"为"守正|不阿"补充式结构。"守正"又为"守|正"动宾式结构。以"阿"推测"正"为正直、正义。"守正"为"坚守正义",成语含义大致推断为"坚守

正义不偏袒"。语境含义为对于工作领域的坚持,不合语境,使用错误。（守正不阿,正确解释为坚守正道,不徇私情。）

例如:(**2013 年辽宁卷**)我攀过陡峭的崖壁,历尽艰辛,登上绝顶,放眼望去,天无涯际,顿觉自己渺小,<u>登高自卑</u>之感油然而生。

"登高自卑",先按语感将成语分为"登高｜自卑"两部分,双音节词均有望文生义的可能,切记古汉语大多"以字为词","登高"为动宾结构"登上高处","自"除了有自己的意思,还有"从"的意思。"卑"对应"高"有"低"的含义。"自卑"为介宾结构"从低处"。成语意思大致推测为"登高从低处开始"。语境里已经登上绝顶,顿觉渺小,应该是误解为"高大面前的自卑之感",使用错误。（登高自卑,登山要从低处开始。比喻做事情要循序渐进,由浅入深。做事脚踏实地从小事做起。）

能力训练

(**2016 年新课标卷Ⅲ**)经过周密的调查,公安人员终于掌握了在逃人员的行踪,然后兵分三路<u>按图索骥</u>,一举将他们全都缉拿归案。

"按图索骥",两个动词"按""索",两个名词"图""骥",成语可分为"按图｜索骥"两部分。"按"古汉语是"按照、沿着"的意思;"索"是"索取、求取"的意思。"图"是图纸,"骥"为马。成语含义推测为"按照图纸寻求马"。语境里是公安人员沿着行踪搜索犯罪人员,和成语意思相近,使用正确。（按图索骥,正确含义为指按照图上画的样子去寻找好马,比喻墨守成规办事;也比喻按照线索去寻求。）

二、体会语境特点辨析成语

成语使用的考查,是先有语境才有对成语使用正误的判断,只有先了解语境的特点才能提高判断的正确率。近年来的考题越来越重视语境与所选成语之间的对应关系。解题时不仅要关注成语本身的含义、色彩、对象、逻辑、搭配、谦敬、书面等,还要注意句中语境是否与成语吻合,只有大小两个语境完全契合,才算使用正确。

(一)留意语境含义

每个句子都有自己的主要含义,只有这个含义被成语准确表达出来,才能算正确。

如:(**1997 年全国卷**)这部精彩的电视剧播出时,几乎<u>万人空巷</u>,人们在家里守着荧屏,街上显得静悄悄的。

句子里主要说的是电视剧的播出让人们都守在家中观看,街上因没人而寂静。而"万人空巷"是指家家户户的人都从巷里出来了。形容盛大集会或新奇事物哄动一时的情景。很显然大小语境含义不符,使用错误。

(1998年全国卷)今年初上海鲜牛奶市场燃起竞相降价的烽火,销售价格甚至低于成本,这对消费者来说倒正好可以火中取栗。

句意中,牛奶市场竞相降价使销售价格低廉,对于消费者来说,正好在竞争的"火热"中得到自己想要的东西。而"火中取栗"说的是猫从火中取栗子给猴子吃,猴子吃上了栗子,猫脚上的毛却被烧了,用来比喻为别人冒风险,自己徒然吃苦却得不到好处。显然句中含义和成语含义不吻合。使用错误。

能力训练

(2017年全国卷Ⅰ)比赛过后,教练希望大家重整旗鼓,继续以高昂的士气、振奋的精神、最佳的竞技状态,在下一届赛事中再创佳绩。

语境里"再创佳绩"表明团队是在成功的基础上再接再厉,而成语"重整旗鼓"是失败过后重整力量,重新再来。不符合语境里的含义,使用错误。

(2000年全国卷)本刊将洗心革面,继续提高稿件的编辑质量,决心向文学刊物的高层次、高水平攀登。

句中"继续提高"说明了对于刊物编辑部来说,是一种不断的进步和提升,而"洗心革面"是推翻过去,彻底悔改,显然误会了语境的含义,大词小用了。

(二)留意语境中的观点态度

每个句子都有鲜明的态度和观点,且这个态度和观点与成语色彩一致时,才是正确的用法。否则,就犯了褒贬不当的错误。

(2014年广东卷)与连篇累牍的电视剧本身相比,剧中翻书的动作、人物的坐姿等,只是一些细节。然而,令专家如鲠在喉、遭观众调侃的,正是其中与历史常识相冲突的文化"倒刺"。

语境中令专家和观众在意的是电视剧中的一些细节。并不是对电视剧的长短发表的批判。而"连篇累牍"是一个批判篇幅过多、过长的含贬义的成语。两者观点态度不一致,使用错误。

(2012年全国新课标卷)一名惯偷在车站行窃后正要逃跑,两位守候多时的反扒队员突然拦住他的去路,二人上下其手地将他摁倒,结果人赃俱获。

语境里反扒队员彼此配合,共同抓获了在车站行窃的惯犯。句子里对反扒队员是肯定和表扬的态度。但成语"上下其手"是指暗中勾结,随意玩弄手法,串通作弊。是贬义词,感情色彩不符合,使用错误。

(2014年安徽卷)2013年,广州恒大足球队问鼎亚冠联赛,结束了中国俱乐部足球队二十余年无缘亚洲冠军的局面,这对处于低谷之中的中国足球来说弥足珍贵。

语境里处于低谷的中国足球对于这次联赛的成功是珍惜和庆贺的态度。"弥足珍贵"也是形容十分珍贵的褒义词。两者观点态度一致,使用正确。

能力训练

(2006年重庆卷)李老汉是一个知恩图报的人。别人给他的帮助与恩惠,哪怕仅仅只是一句安慰的话,他也睚眦必报。

语境里明确"李老汉知恩图报",显然"哪怕是一句安慰的话"是从细微处表现李老汉的感恩。而成语"睚眦必报"形容心胸极其狭窄,为贬义词。与语境中的态度不一致,使用错误。

(三)留意语境的陈述对象

句子有自己需要描述的主体,成语有成语本身特定的对象,两者一致才能表达出语境的含义。否则,就犯了对象误用的错误。

(2006年山东卷)显然,打造"信用政府"和发展"民营经济"这两大热点,在民众的关注下不期而遇了。

语境里是"信用政府"和"民营经济"的相逢碰撞,是政府和企业的合作,成语"不期而遇"是人和人的相遇。陈述对象不一致,使用错误。

(2017年全国卷Ⅱ)这是一条经典的旅游路线,既能让你饱览大自然巧夺天工般的美景,又能让你领略多姿多彩的异域风情。

语境里对旅游路线大加赞赏,因为可以领略大自然的美景。而"巧夺天工"侧重对人工技艺的赞美,是不符合语境的陈述对象,使用错误。

（2001 年全国卷）您刚刚乔迁新居，房间宽敞明亮，只是摆设略显单调，建议您挂幅油画，一定会使居室蓬荜生辉。

语境里是对"您"新居的摆设建议，而成语"蓬荜生辉"，表示由于别人的到来或者别的物品而使自己非常荣耀。只能对自己。不符合语境里的陈述对象。

（2004 年江苏卷）只见演员手中的折扇飞快闪动，一张张生动传神的戏剧脸谱稍纵即逝，川剧的变脸绝技赢得了观众的一片喝彩。

句子里着重描述了观众对于川剧变脸速度之快的喝彩。而"稍纵即逝"形容机会和时间"稍一放松就会消失"。和语境中的陈述对象不一样，使用错误。

（四）从语境表达与成语之间的逻辑对应入手

成语本身有特定的词意和词性，当词意与语境发生冲突就会出现使用上的逻辑错误。

（2002 年全国卷）加入世贸组织（WTO）后汽车价格变化备受关注，但作为市场主力的几家汽车大厂，三四个月以来却一直偃旗息鼓，没有太大动作。

语境里汽车大厂在加入世贸组织的大背景下，汽车价格并没有太大的变化，也没有因此作出任何回应。而成语"偃旗息鼓""偃"和"息"表明是先有动作，再有停止。和语境含义矛盾，缺乏逻辑上的对应联系。

（1997 年全国卷）那是一张两人的合影，左边是一位英俊的解放军战士，右边是一位文弱的莘莘学子。

句子里是解放军战士和一位学生的合影。文弱的学生数量很明确是"一位"，而成语"莘莘学子"指的是众多的学生。成语所含数量不符合语境数量，犯了逻辑错误。

（2016 年山东卷）两位多年未见的战友在火车上意外相逢，他们一见如故，回忆起一同出生入死的战斗经历，不禁感慨万千。

一方面是语境里"多年未见"的描述,并明确指出曾有"一同出生入死的战斗经历";另一方面却使用了成语"一见如故",侧重初次见面的感情。前后矛盾。

(五)从语境语法结构和成语词法结构入手

句子有自己的语法结构,而成语有自己的词法结构,当成语仅意思到位而语法功能错位,也会产生成语误用的错误。如形容词性的成语及"动宾＋动宾"关系的动词性结构成语是不能带宾语的,如果误用,就犯了结构搭配上的错误。

(**2015 年广东卷**)石钟山上那些错落有致的奇石以及记载着天下兴衰的石刻令人叹为观止。

语境中主要表达人们对奇石和石刻的赞美。人为施动方,奇石和石刻为受动者。句子在表达时又将"受动者"提前为主语,句子就应该变为被字句,由"让……""令……"等表被动的词语引出"施动者"。语境中有"令人"二字,且成语"叹为观止"为赞美之意,因此从语法结构和词意来看,均符合语境特点。使用正确。

三、实词的精准辨析

(一)关键词切入法

成语含义的准确把握,是建立在对成语基本义的准确理解基础上。掌握了成语中的关键词,就如同抓住了理解成语的要害之处。如"不刊之论"的"刊",知道了"刊"为"修改"的意思,也就明白了成语"不可更改的言论"这一基本义。

(**2004 年北京卷**)在语文老师的严格要求下,我逐渐改正了文不加点的毛病。

文不加点:"点"是涂改,成语是指文章一气写成,无须修改。形容思维敏捷,写作技巧纯熟。语境里将"点"意为标点符号,因而造成误用。

(**2012 年山东卷**)抗洪救灾形势严峻,各级领导都坚守岗位,没有擅离职守,久假不归现象,确保了人民群众生命财产的安全。

久假不归:假,是借用。成语原指假借仁义的名义而不真正实行,后指长期借用而不归还。语境里将"假"理解为"假期",望文生义,使用错误。

(**2003 年全国卷**)老王家的橱柜里摆满了他多年收藏的各种老旧钟表,每当他向慕名来访的参观者介绍这些宝贝时,总是如数家珍。

如数家珍:如,如同,像。像家中东西一样熟悉,说明成语对象不能是自己,语境中显然不合要求。

能力训练

(**2006 年全国卷Ⅱ**)这样的小错误对于整个项目的要求来说是无伤大雅,不足为训的,我们决不能只纠缠于细枝末节而忘了根本的目标。

不足为训:"训"是典范、法则。不能当作典范或法则,句中理解为教训,造成整个成语的误用。

(**2013 年浙江卷**)随着出版业的市场化和多元化,类型多样、题材丰富的作品大量涌现,其中也有一些作品粗制滥造,令人不忍卒读。

不忍卒读:忍,是忍心。不忍心读完。指作品情感的悲悯。语境里理解为对作品质量无法忍受。使用错误。

(二)存同求异法

近义词的辨析一直是备考中的一个弱点,单靠死记硬背无法解决所有的词意理解问题,在形近词的近义词辨析中,可以使用"存同求异"的方法来尝试答题。即比较两个或两个以上的形近近义词的语素,保留相同语素,辨析不同语素带来的细微变化。

(**2008 年浙江卷**)判断加点词语能否被括号中的词语替换且不改变句意。

最近,浙江手机上网资费全面下调,广大用户对此额手称庆。专家预测,未来通过手机收看体育赛事或许会成为一种潮流。(弹冠相庆)

"额手称庆"和"弹冠相庆"都有"庆"庆贺的意思。不同点一,"称"和"相"的区别。"称庆"是表达庆贺的一种方式;"相庆"是相互庆贺,暗示人多。不同点二,"额手"和"弹冠"的区别。"额手",在动词"称"前,两个名词连用,必有一个名词活用为动词,即"以手抚额"。"弹冠"动宾结构,弹去帽子上的灰尘,表示要做官。综合起来,得出两词的区别:"额手称庆"形容人们高兴时庆贺的神态。"弹冠相庆"因做官而相互庆贺。两词有很大的区别,不能替换。

(**2016 年全国卷Ⅲ**)最近出版的长篇小说《雪莲花开》通过对藏族姑娘卓玛的人生历程的叙述,表现了她鲜明的民族性格和_____的诚信精神。

A.一诺千金　　B.一言九鼎

"一诺千金"和"一言九鼎"都有数量词"一",夸张的手法表明言语的分量。不同点一:"诺"侧重承诺;"言"侧重言语。不同点二:"千金"表明贵重值钱;"九鼎"表明分量重。综合而言,两个词的不同:"一诺千金"即所许诺言非常值钱可信。"一言九鼎"一句话的分量就很重,暗示意见或者言论起决定作用。语境里藏族姑娘只能有"一诺千金"的品质,不会有"一言九鼎"的地位和决策力。答案选择"A"项。

(2009年湖南卷)虽然计算机应用的范围越来越广,但拥有了它并不意味着一切工作都会那么轻而易举,_____。

A.一挥而就　　B.一蹴而就

比较"一挥而就"和"一蹴而就"的相同点,"就"成功,"而就"就成功;"一"数量词,形容成功很容易。不同点:"挥"从"手",动作与手有关;"蹴"从"足",动作与脚有关。"一挥而就"指从手的动作,如书写作画写文章等非常容易。"一蹴而就"一踏就成功了,形容事情很好完成。"一蹴而就"比"一挥而就"更为容易成功。语境里否定词"并不意味着"暗示这里应该填写更为容易成功的"一蹴而就"。答案选择"B"项。

能力训练

试辨析下列形近成语并选出正确选项。

(2011年山东卷)从长辈们的_____中,他了解到父亲乔明志曾经是一位屡立奇功、威名赫赫的抗日英雄。

A.闲言碎语　　B.只言片语　　C.三言两语

_____

_____

三个词都是对"言""语"的描述。区别在于不同:"闲""碎"侧重茶余饭后的闲谈,有贬义。"只""片"形容话语零碎,不连贯。"三""两"指话语简短且少。语境里,对于父亲,长辈应该是乐意谈论并夸奖的,排除"A""C",答案选择"B"。

(2014年浙江卷)相比于持续火爆的住宅市场,多年来,写字楼市场一直处于_____的状态,与同地段的住宅楼相比,写字楼的销量要小得多。

A.不瘟不火　　B.不温不火

_____

_____

两个词均有"火","火"为火爆、炎热、急促等含义。"不……不……"说明"瘟""温"均与"火"相对。"瘟"沉闷。"温"升温。"不瘟不火"指不沉闷也不急促的适中。"不温不火"指不升温也不过火的适中。语境里写字楼市场与前面持续火爆的住宅市场相对,应该选择"B. 不温不火"。

四、虚词的关联用法

(一)利用关联作用的虚词准确理解成语含义

成语是汉文化用语的瑰宝,有很大一部分是从古代相承并沿用下来的,很多成语遵循了古汉语的结构特色并沿用了其中虚词的用法。作为关联作用的虚词在成语中也是如此。在答题时,如无法依备考知识作答时,可遵循虚词在成语中的特点,猜词作答。(本方法仅以四字成语为研究对象)

成语中常见的虚词有"其""以""而""之""焉""为""乎"等,它们大多沿用了古汉语中的用法,起到了关联的作用,对于成语含义的理解有重要作用,其中,又以"之"最为复杂。在此以"之"为例,通过谈"之"的作用来理解词意,快速答题。(以"之"在成语中的位置为序)。

1."之"位于四字成语"第一字"

"之"用于成语第一字,例子极少,用法以做名词"之乎者也"和做动词"之死靡它"为主。高考题中暂未涉及此类用法。

2."之"位于四字成语"第二字"

例词:

置之不顾　付之一笑　失之交臂　藏之名山　置之度外

处之泰然　嗤之以鼻　溜之大吉　呼之欲出　趋之若鹜

甘之如饴　安之若素　逃之夭夭

"之"位于成语第二字,有两种情况:

(1)位于名词后面,一般为主谓取独的作用,"之"前为陈述对象,"之"后为对象的状态。如"桃之夭夭"。

(2)位于动词后面,做代词,"之"前为动词(如果"之"前为形容词,则为形容词动用,如"安之若素"的"安"为形容词,这里为"安然处之"),"之"紧跟动词后面,指代动词发生时的对象、处所、境况等。"之"后两字为动词的状态,补充说明动词发生的状态(处之泰然)、方式(嗤之以鼻)、处所(藏之名山)或程度(呼之欲出)等。理解此类成语时,先看"之"前动词,抓重点;再看"之"后二字,补状态。

如"趋之若鹜","之"前动词"趋","趋向,快走";"之"后两字"若鹜","像鸭子一样"。成语含义为"像鸭子一样跑过去",贬义。

（2011年全国卷Ⅱ）这是一家国家级出版社，近几年来，出版了很多深受读者尤其是在校大学生喜爱的精品图书，不少作家都对他趋之若鹜。

（2002年春全国卷）当年中国音乐家往外走，现在世界著名音乐大师趋之若鹜地进入中国。

（1997年全国卷）齐白石画展在美术馆开幕了，国画研究院的画家竞相观摩，艺术爱好者也趋之若鹜。

三例均可快速判断为错误表达。

又如"甘之若饴"，"之"前"甘"为"甜"形容词，按规律活用为动词"认为……甜"，"之"后两字"若饴""像糖一样"。成语含义便为"认为……像糖一样甜"，即暗示这个成语使用的前提是一些并不顺利的处境，比如困难、艰苦、痛苦等。

（2007年全国卷Ⅰ）这些战士虽然远离家乡，远离繁华，每天过着艰苦单调的生活，但是他们一个个甘之若饴，毫无怨言。

（2016年浙江卷）他爱好广泛，喜欢安静的棋类运动，对热闹的纸牌游戏也来者不拒；欣赏通俗感性的流行歌曲，对庄重恢宏的交响乐也甘之如饴。

前者"艰苦单调的生活"符合，使用正确。而后者"庄重恢弘的交响乐"不合成语含义，使用错误。

掌握这个规律后，对于考题中这类的成语，便可快速猜词答题。

能力训练

（2017年全国卷Ⅲ）促进科研成果转移转化是实施创新驱动发展战略的重要任务，我们应该制订一套行之有效的激励机制和创新协同机制。

_____

_____

行之有效："之"前动词"行"，意为"行动、实行"；"之"后两字"有效"，意为"有效果"。成语含义为"实行起来有效果"，语境符合，正确。

（2009年四川卷）2009年5月9日，我国著名相声演员李文华老人溘然长逝，这让他的老搭档姜昆深感失之交臂，沉浸在极度的悲痛之中。

_____

_____

失之交臂："之"前动词"失"，意为"失去"。"之"后两字"交臂"，指"胳膊交错"。成语含义为"胳膊交错时就失去了"，意为"当面错过"。语境里是痛失搭档。使用错误。

3. "之"位于四字成语第三字

例词：

一得之功	一得之见	一得之愚	一孔之见	一枝之栖	不虞之誉
当务之急	难言之隐	吹灰之力	天壤之别	不刊之论	不速之客
不易之论	城下之盟	天作之合	嗟来之食	井底之蛙	大方之家
绵薄之力	独到之处	乘人之危	过江之鲫	不材之木	不情之请
地主之谊	擎天之柱	糟糠之妻	众矢之的	诛心之论	白华之怨
白头之叹	容膝之安	多事之秋	门户之见	莫逆之交	耄耋之年
秦晋之好	琴瑟之好	涸辙之鲋	一丘之貉	手足之情	天伦之乐
硁硁之见					

"之"，位于四字成语第三字，大多位于名词前，助词，意为"……的"，成语大多为偏正式结构，"之"前两字限制和修饰"之"后对象，如"白头之叹""门户之见""莫逆之交""耄耋之年""秦晋之好""琴瑟之好"。也有极少数动宾结构，如"乘人之危"。另有特例如"隙穴之窥"，"之"动词前，无意义，补充音节的作用。这里仅讨论常见用法。

理解这一类成语时，从"之"后词语抓住成语对象，注意第四字必然是名词性的，如果是形容词，也要翻译为名词性短语。如"当务之急""急"为"着急的事情"，"一得之愚""愚"理解为"愚昧的见识"。"之"前面二字为描述和限制对象的修饰语，如"一枝之栖"意为"一枝的栖息地""形容小的容身之所"。掌握"之"的这一关联用法，可以在答题时，快速抓住成语特征，猜词答题。

如：(2012年辽宁卷)凌南区虽地域狭窄，物产匮乏，但由于大力开发绿色农业，方寸之地，拓出了发展的大空间。

方寸之地，"之"后为陈述对象"地""地方、土地"，"之"前二字"方寸"为"地"的限制和修饰语，"一方一寸"。成语含义猜测为"一方一寸大的地方，意为很小的地方"。而此处"地域狭窄，物产匮乏"显然不符合词意，使用错误。

又如：(2006年全国卷Ⅰ)许多农民巧妙地将服装厂剪裁后废弃的"下脚料"做成帘子，当作蔬菜大棚的"棉被"，这真是一念之差，变废为宝。

一念之差，"之"后为陈述对象"差""差错"。"之"前二字"一念"即"一个念头"。成语含义为"一个念头的差错"，以"一念"暗示后面因此导致的结果很严重。语境里"变废为宝"，明显地使用错误。

（2007 年江苏卷）在签名售书活动开始前，作者诚恳地说，书中不少看法都是一孔之见，欢迎大家批评指正。

一孔之见，"之"后陈述对象"见"为"见识、见解"。"之"前"一孔"即"一圆形孔"。成语意思为"一圆形孔的见识，意为见识狭小。"语境里是作者签名售书背景下的自我评价，应该是自谦之词。使用正确。

（2008 年全国卷 Ⅱ）中、日、韩三国参加这次围棋比赛的运动员，水平都在伯仲之间，谁能胜出，就要看谁具有更好的竞技状态和心理素质了。

伯仲之间，"之"后陈述对象"间"为"间隙、之间"，"之"前"伯仲"为"兄弟排行次序，老大和老二"，成语含义为"在一二之间"，意为难分高下。语境里"谁能胜出，要看……"，符合语境。使用正确。

4."之"位于四字成语第四字

例词：

漠然置之　分而治之　姑妄言之　大而化之　堂而皇之　敬而远之

"之"，位于成语第四字，有两种用法：

（1）当"之"前面为形容词时，"之"为衬字，无实际意义。意为"……的样子"。如"敬而远之"即"且敬且远的样子"，"堂而皇之"为"堂哉皇哉，气势盛大的样子"。此类成语在理解时，形容词的意思便是成语本身的意思。

（2）当"之"位于动词后面时，为代词，指代动词发生的对象、地点、程度等。此类成语理解时，重点在于动词本身，如有两个及两个以上的动词，要留意动词之间的关系。如"分而治之"，"之"为动词"分、治"的宾语，意为"分开并治理它们"。如只有"之"前字为动词，则动词前的语素为动词的修饰语，理解时要结合修饰语理解动作，进而把握成语含义。如"漠然置之"，"之"前动词"置"，为"放置"。动词前"漠然"为动词的修饰语，"冷漠的样子"。成语含义为"冷漠地把它放一边"。

做考题时，可根据以上特点猜词答题。

例如：（2007 年山东卷）既然提升中国公民旅游文明素质是精神文明建设的一项重要任务，那么"绿色旅游"这种注重修正行为习惯的休闲方式，又怎能等闲视之？

等闲视之,"之"前为动词"视",意为"看"。修饰语"等闲"为"和寻常一样",成语含义即为把它看成平常的事,语境里使用正确。

(2014年浙江卷)解决问题一般有两种思路:一种是将问题变小,小意味着成本低,好办事;另一种是把问题变大,大而化之,放大了才能解决。

大而化之,"之"前两个动词,"大"为"放大";"化"为"消散,无"。"大"和"化"前后为承接关系,成语含义猜测为"放大后消散",语境里为"放大了才能解决"。语境不合,错误。

能力训练

(2005年全国卷Ⅱ)市中心许多商业广告牌被庆祝反法西斯战争胜利日的宣传画取而代之。

_____

取而代之,"之"前两个动词"取"和"代"。"取"意为"获取,夺取";"代","代替"。成语含义为"夺取并代替它",语境里广告牌被宣传画替代。使用正确。

(2017年全国卷Ⅲ)约翰逊的学术方法虽比较新颖,但其学术成果得到学术界公认的却不是很多,再加上其追随者大都等而下之,以致他的学术地位一直不高。

_____

等而下之,"之"前"下",名词动用,有"往下,下降"的意思,"等"为动词"平等",成语含义为"平等后再向下",有逐渐降低的意思。语境里追随者都是"以此往下","地位不高",符合语境。

(二)利用语境中分句间的关联选择正确的虚词

虚词在文段中起到连接的作用,数量少,灵活度高,2016年全国卷Ⅰ、Ⅱ、Ⅲ卷中各出了三分的选择题。备考中仍要重视虚词的辨析和使用。

答题时,注意关注:

(1)虚词是连接作用,没有虚词并不影响语段含义的理解。拿到题,首先要通读语段,知道语段的主要内容,着重注意语段各分句间的关系。是并列还是承接,是递进还是因果,是转折还是假设,心里都要有个大概的判断。

(2)留意可选项中虚词的特点,依据分句间关系和前后搭配进行排除和选择。

还要注意虚词是配套使用的还是单独出现的。

成套使用的关联词语有：

表并列的："一边……一边……""既(又)……又……"；

表选择的："与其……不如……""宁可……也不""是……还是"
"不是……就是……""或是……或是……""要么……要么……"；

表递进的："不但……而且……""不仅……还……""……不但不……
反而……""连……也……"；

表转折的："不是……而是……""虽然……但是……"
"尽管……可是……"；

表条件的："只要……就……""既然……就……""凡是……都……"
"只有……才……""除非……才……""无论……都……""不管……
也(总)……"；

表假设的："如果……就……""要是……那么……""即使……
也(不能,应该)……""就是……也……""纵是……也……""纵算……
也……""纵然……也……"；

表因果的："既然……就……""因为……所以……""由于……
因此……""既然……那么……""之所以……是因为……"；

表承接的："首先……然后……""一……便……""一……就……"。

常见单独使用的关联词语有：

表并列的："同时、同样"；

表递进的："况且、进而、甚至"；

表转折的："然而、却、只是、不过"；

表因果的："因而、从而、因此"等。

表承接的："……于是……""……才……""……接着……"。

(3)留意语段和语句标点的提示,注意横线附近的提示,如结构上是否
缺乏主语,有无语义的暗示。

(4)语段首尾句相对短小,可作为前期突破点。

(5)对于选择题的作答,从选项入手找薄弱点排除不失是一种便捷的
方法。如:

(2016年新课标卷Ⅲ)填入下面文段空白处的词语,最恰当的一
组是(　　)。

有的人在填报高考志愿时选报热门专业,理由是能学以致用,____①____是
一种误解。学以致用的真正含义是将学到的知识用于实践,____②____不是看
什么东西有用才决定去学。摒弃功利性____③____使人抱着乐观的态度去学
习;____④____有用才去学习会使人产生心理负担,____⑤____总要担心以后会不会

真的有用。抱着功利之心去挑选专业,往往会牺牲自己真正的兴趣,____⑥____
毕业后谋到了不错的职位,也不一定就工作得很开心。

	①	②	③	④	⑤	⑥
A	其实这	而	要	确定	所以	/
B	这其实	/	能	认为	因为	即使
C	实际上	却	会	/	可能	就是
D	这	当然	就是	如果	/	虽然

【解题技巧】

突破点一:首句,去除横线内容后,这个句子按结构来说陈述内容为,有的人选报专业,有的人理由是学以致用。但①处在沿用前面主语后,便成了"有的人是一种误解"的表达,搭配不当,横线处应该有合适的主语。排除 C。

突破点二,观察尾句⑥前后,语境显然是表假设的,且最后一句"也不一定""也"字需要⑥里配套的关联词,排除 D。

突破点三:剩下选项 A 和 B 中,区别最大的就是⑤,原文里⑤前后是先果后因的关系,所以最终选择为 B。

具体分析:

首先,通读语段,了解关键词"高考志愿、热门专业、有用、态度",其次,分析句间逻辑关系。①处前后是转折关系;②前后语境有"是……不是"关联词语,此处应该是转折关系也可以不填;③前后是条件关系;④应该是一种主观上的推断,不能用肯定语气的"确定";⑤前后是先果后因的关系;⑥和下面一句是假设关系并有"也"作为配套。最后,考虑语法上的搭配,①句应该有主语出现。最后选择 B。

(2016 年新课标卷Ⅰ)填入下面文段空白处的词语,最恰当的一组是( )。

我们曾说,中学生初学文言文时____①____不要依赖译文。____②____并不是说在整个学习过程中绝对不去参看译文。其实,____③____肯动脑筋,____④____不盲目机械地看待译文,____⑤____,只要译文不是太差,看着译文也无妨。有时候把译文跟注释对照起来揣摩学习,____⑥____不失为一种可行的方法。

	①	②	③	④	⑤	⑥
A	/	这	如果	而且	那么	也
B	最好	当然	一旦	/	而且	就
C	一定	也	如果	并且	因此	/
D	尽量	/	因为	进而	所以	仍

【解题技巧】

突破点一:从全文看,对于"译文",并不是完全反对的态度,①排除 C。

突破点二:从尾句看,"不失为"⑥表并列。排除 B。

突破点三:在剩下的 A 和 D 选项中,区别最大的为③,语境里"其实"二字,暗示这里应该是假设关系。排除 D。

最后选择 A。

第四课 真题突破练习

本课学习目标

通过近五年高考真题的限时训练,巩固和掌握解题方法,提升解题速度。

课时建议:2 课时。

1.(**2018 年全国卷Ⅱ**)戏曲既需传承也需创新,这是业内的基本共识。然而,近年来由于一些创新尝试未收到理想效果,有人就将创新和继承对立起来,认为戏曲不必创新。尤其是昆曲等戏曲艺术进入世界非物质文化遗产名录之后,创新在某些人那里几乎成了贬义词。(   )随着时代的发展变化,戏曲艺术不断被赋予新的内涵。如果一直固守原有形态,只强调复制和模仿,戏曲恐怕早在数百年前就_____了。突破前人、大胆创新,这是各个时代取得伟大成就的艺术家的共性。诚如某戏剧评论家所言,没有一位_____的京剧名伶是靠模仿或重复而成就自己的。京剧大师梅兰芳,以坚定的信念和博大的胸怀为京剧改革作出巨大贡献。他眼界开阔,_____,除唱腔、表演技巧之外,还从化妆、灯光、服装、舞蹈、剧目创作等多个方面进行了大量的探索,可谓"剧剧有创新,剧剧有新腔"。尚小云、荀慧生、于连泉等人,也是因为具有超越前人的理想和切实的努力,不满足于停留在雷池之内_____,才能够在强大的保守情绪的笼罩下突破藩篱,从而成为新流派的创始人。当然,戏曲的创新必须以传承为基础,是传承中的创断,而不是眼花缭乱、甚至任性妄为的创新,才能探索出一条能够被大多数观众接受的创新之路来。

依次填入文中横线上的成语,全都恰当的一项是(　　)。(3分)

A.寿终正寝　名噪一时　兼容并蓄　照猫画虎

B.无疾而终　名垂青史　兼容并蓄　按图索骥

C.寿终正寝　名垂青史　博采众长　照猫画虎

D.无疾而终　名噪一时　博采众长　按图索骥

解析:选 C。"寿终正寝"侧重于事物消亡的结果;"无疾而终"侧重于事物消亡的状态。"名垂青史"指功业巨大,名留史册;"名噪一时"指一时的名气远播。"兼收并蓄"是不同内容、不同性质东西的收取和保存;"博采众长"是广泛采纳众人的长处及优点。"照猫画虎"比喻仅从样子上进行模仿,贬义词;"按图索骥"指按线索寻找。文段中第一横线处意为戏曲消亡本身;第二横线附近"京剧名伶"又以"梅兰芳"做比,应是指此领域功业巨大的名人;第三横线语境侧重于在各个方面及领域的借鉴、探索和突破;第四横线处否定句,贬义。

2.(**2018 年全国卷Ⅲ**)除了人会为了理想奔波迁徙以外,很多动物也有着自己_____的迁徙盛举,冬季来临,天气寒冷,食物短缺,很多动物选择集体逃离,待到春暖花开、万物复苏再一起回来。动物迁徙是有确定路线的。它们对驻地有着自己的坚守和执着,而不是_____。对于动物究竟如何确定自己的迁徙路线,科学家一直都充满好奇。有科学家认为,迁徙动物都有独特的"助航设施",它们通过海岸线等作为参照,利用特殊的嗅觉和听觉等获得方向,也有科学家认为,迁徙动物身体中存在磁受体,可以感应地球磁场,它们有自己的生物指南针,更有趣的是,又有科学家发现即使是室内饲养的,从未接触过其他同伴的年轻乌鸦,也会沿着祖辈飞过的路线进行迁徙,也就是说,(　　),它们天生就知道去哪里寻找温暖的地方过冬。到目前为止,关于动物迁徙路线确定的问题,科学家仍在_____地进行探究,我们期待着更加_____的故事出现。

依次填入文中横线上的成语,全都恰当的一项是(　　)。(3分)

A.波澜壮阔　随波逐流　宵衣旰食　引人入胜

B.波澜壮阔　随遇而安　全力以赴　引人入胜

C.声势浩大　随遇而安　宵衣旰食　娓娓动听

D.声势浩大　随波逐流　全力以赴　娓娓动听

解析:选B。"声势浩大"侧重于"声势",气势宏大;"波澜壮阔"指规模巨大,用于文章和运动。"随遇而安"侧重于对环境的顺应;"随波逐流"没有坚定的立场,缺乏判断是非的能力,只能随着别人走,用于人无个性。"全力以赴"指全部精力的投入;"宵衣旰食"侧重于工作的辛苦,多指为处理国事而辛勤工作。"引人入胜"多指山水风景或文艺作品吸引人;"娓娓动听"指善于讲话,让人爱听。语段中第一横线处侧重于动物迁徙的规模的描述;第二横线处语境是指动物在环境中的迁徙;第三横线处是指科学家对于动物迁徙路线问题的研究;第四横线处是对"故事"的描述。

3.(2017年全国卷Ⅰ)下列各句中加点成语的使用,全都不正确的一项是(　　)。

①比赛过后,教练希望大家重整旗鼓,继续以高昂的士气、振奋的精神、最佳的竞技状态,在下一届赛事中再创佳绩。

②今年,公司加大公益广告创新力度,制作出一批画面清晰、意味深长的精品,有效发挥了公益广告引领社会风尚的积极作用。

③世界各国正大力研制实用的智能机器人,技术不断升级,创新产品层出不穷,未来有望在多领域、多行业发挥更大的作用。

④赵老师学的是冷门专业,当年毕业时,不少同学离开了该领域,而他守正不阿,坚持致力于该专业的教研工作,最后硕果累累。

⑤国家"一带一路"战略的实施,给古丝绸之路的沿线城市带来了活力,很多城市对未来踌躇满志,跃跃欲试。

⑥目前,快递业已经成为一个不可忽视的行业,快递服务虽不能说万无一失,但的确为百姓生活提供了极大的便利。

A.①③⑥　　B.①④⑤　　C.②③⑤　　D.②④⑥

解析:选B。重整旗鼓,指失败以后重新集合力量再干。语境中无失败意,错误。守正不阿,处理事情公平正直,不讲情面。语境中为选择的坚持。踌躇满志,形容对自己的现状或取得的成就非常满意。语境中的"未来"二字不符。

4.(2017年全国卷Ⅱ)下列各句中加点成语的使用,全都不正确的一项是(　　)。

①这是一条经典的旅游路线,既能让你饱览大自然巧夺天工般的美景,又能让你领略多姿多彩的异域风情。

②近年来农民收入稳步增长,生活条件大大改善,对商场里琳琅满目的

高档电器也不再望尘莫及了。

③他在学习上坚持博学审问,对待工作更是兢兢业业,经过长时间的努力,终于取得了突出的成就。

④由于过于相信自己的能力和判断,不肯认真研究调查,他对于群众的意见总是充耳不闻,所以常常受到大家的批评。

⑤有的同学过去对语文学习不重视,到了高中才发现既要补欠账,又要学新知识,被弄得左支右绌,狼狈得很。

⑥央视《中国诗词大会》这个温文尔雅的节目走红,引起社会广泛关注,节目中一举夺冠的小姑娘更是成为谈论的焦点。

A.①②⑥　　B.①③⑤　　C.②③④　　D.④⑤⑥

解析:选A。"巧夺天工"指人工的精巧胜过天然。不能用来形容大自然山水。"望尘莫及"指望见前面骑马的人走过扬起的尘土而不能赶上。比喻远远落在后面。不能用于"高档电器"的购买力。"温文尔雅"形容人态度温和,举动斯文。现有时也指缺乏斗争性,做事不大胆泼辣,没有闯劲。只能指人,语境对象错误。

5.(2017年全国卷Ⅲ)下列各句中加点成语的使用,全都不正确的一项是(　　)。

①促进科研成果转移转化是实施创新驱动发展战略的重要任务,我们应该制订一套行之有效的激励机制和创新协同机制。

②小庄从小就对机器人玩具特别感兴趣,上学后喜欢收集机器人模型,通过各种途径得到的模型已经汗牛充栋,整整一间屋都摆满了。

③约翰逊的学术方法虽比较新颖,但其学术成果得到学术界公认的却不是很多,再加上其追随者大都等而下之,以致他的学术地位一直不高。

④张家界独特的自然景观被列入《世界自然遗产名录》,徜徉其间,峰峦叠峰,峪壑幽深,溪流澄碧,让人乐不思蜀。

⑤近年来,有关部门采取了一系列措施强化虚拟广告的监管,使得滥竽充数的广告得到了一定程度的遏制。

⑥丹·罗斯嘉德发明的"雾霾塔"是一种利用静电吸附尘粒原理的环保装置,脏空气滔滔不绝地从塔顶进入后,能在塔中间得到净化。

A.①③⑤　　B.①④⑥　　C.②③④　　D.②⑤⑥

解析:选D。汗牛充栋,形容藏书很多。使用对象错误;滥竽充数,字面意思是说:不会吹竽的人混在吹竽的队伍里充数。比喻没有真才实学的人混在内行人之中,以次充好。语境中只是质量问题,使用错误;滔滔不绝,形容说话如流水那样毫不间断。指话很多,说起来没个完。使用对象错误。

6.（2016 年全国卷Ⅰ）下列各句中加点词语的使用,全都正确的一项是(　　)。

①第二展厅的文物如同一部浓缩的史书,举重若轻地展示了先民们在恶劣的自然条件下顽强战争、繁衍生息的漫长历史。

②这部翻译小说虽然是以家庭生活为题材的,却多侧面、多视角地展现出那个时代光怪陆离的社会生活画卷。

③毕业后他的同学大都顺理成章地走上了音乐创作之路,而他却改换门庭,另有所爱,一头扎进中国古代文化研究中。

④就对后世的影响来说,我们一致认为《封神演义》虽然比不上《西游记》,但和《聊斋志异》是可以并行不悖的。

⑤在那几年的工作学习中,杨老师给了我很大的帮助,他的教导在我听来如同空谷足音,给我启示,带我走出困惑。

⑥我国绘画史上有一个时期把王石谷等四人奉为圭臬,凡是学画,都以他们为宗,有的甚至照摹照搬。

A.①②④　　B.①③⑤　　C.②⑤⑥　　D.③④⑥

解析:选 C。举重若轻,指人能力很强,对象错误,改换门庭,指投靠新主,以求发展,语境错误。并行不悖,指同时进行,不相冲突,不合语境。

7.（2016 年全国卷Ⅱ）下列各句中加点成语的使用,全都正确的一项是(　　)。

①舞台上的灯光时明时暗,快速变幻的布景令人目不交睫,随着歌手的狂歌劲舞,观众席上也一片沸腾。

②有专家指出,石油是不可忽视的战略资源,我们必须厝火积薪,未雨绸缪,进一步健全中国的石油安全体系。

③那些航空领域的拓荒者,很多已经离开人世,但他们筚路蓝缕的感人形象一直深深印在人们的记忆中。

④这次会谈并没有其他人员参加,他们两个人又都一直讳莫如深,所以会谈内容就成为一个难解之谜。

⑤正在悠闲散步的外科主任王教授,突然接到护士电话说有个病人情况危急,他立刻安步当车向医院跑去。

⑥从用字之讲究可以看出,这首诗的作者苦心孤诣,要在这有限的篇幅中营造出一种深邃幽远的意境。

A.①②⑤　　B.①④⑥　　C.②③⑤　　D.③④⑥

解析:选 D。目不交睫,形容夜间不睡觉或睡不着,不合语境。厝火积薪,把火放到柴堆下面。比喻潜伏着很大危险,望文生义。安步当车,慢慢地步行,就当是坐车,不合语境。

8.(2016年全国卷Ⅲ)下列各句中加点成语的使用,全都正确的一项是(　　)。

①这块神奇的土地上,既有浩如烟海的传统文化典籍,也有丰富多彩的民俗文化和各种流派的现代艺术,这些都深深吸引着前来参观的外国友人。

②今年的元宵晚会上,著名豫剧演员小香玉将《谁说女子不如男》唱得字正腔圆、声情并茂,令观众刮目相看、赞叹不已。

③最近出版的长篇小说《雪莲花开》通过对藏族姑娘卓玛的人生历程的叙述,表现了她鲜明的民族性格和一言九鼎的诚信精神。

④经过周密的调查,公安人员终于掌握了在逃人员的行踪,然后兵分三路,按图索骥,一举将他们全都缉拿归案。

⑤这几幅书法作品笔走龙蛇、流畅飘逸,在本次春季拍卖会甫一亮相,就引起了国内外藏家的极大兴趣。

⑥天寒地冻、滴水成冰的季节终于过去,春天在大家的盼望中姗姗而来,到处都涣然冰释,生机勃勃。

A.①②④　　B.①④⑤　　C.②③⑥　　D.③⑤⑥

解析:选B。刮目相看,意为用新的眼光看待。现在和以前的情况完全不同,暗指以前状况不佳。此处成语不合语境。一言九鼎,形容言语极有分量,能起决定性作用。此处成语不合语境。涣然冰释:形容疑虑、误会、隔阂等完全消除。对象错误。

9.(2015年新课标卷Ⅰ)依次填入下列各句横线处的成语,最恰当的一组是(　　)。

①这正是经验丰富的主教练在战术安排上的_____之处:下半场比赛中想方设法消耗对方主力队员的体力,终于扭转劣势,赢得比赛。

②经过几天的_____,又和病人家属做了充分沟通,吴医生最终否定了治疗小组提出的保守治疗方案,决定尽快为病人进行肺部手术。

③早在上个世纪末,当地决策者就_____,提出了从单一的小农业向大农业转移的战略措施,于是一个个生态经济园区应运而生。

A.老谋深算　　深谋远虑　　深思熟虑

B.老谋深算　　深思熟虑　　深谋远虑

C.深思熟虑　　老谋深算　　深谋远虑

D.深谋远虑　　深思熟虑　　老谋深算

解析:选B。老谋深算,周密的筹划,深远的打算,侧重于"深"。深谋远虑:指计划得很周密,考虑得很长远,侧重于"远"。深思熟虑,反复深入地考虑,侧重于"熟"。①句中战术安排侧重于反复思考权衡。②句中手术方案要周密。③句中"早在上个世纪末"表明考虑得长远。

10.(2015年新课标卷Ⅱ)依次填入下列各句横线处的成语,最恰当的一组是( )。

①他是一个心地善良的人,但性格柔弱、谨小慎微,做起事来总是_____,从来不敢越雷池一步。

②当今世界科技突飞猛进,我们更要勇于开拓,不断进取,如果_____,就会落后甚至被时代潮流所淘汰。

③要想让中国传统戏曲焕发出新的生命力,决不能满足于现状,_____,唯有创新才是弘扬戏曲文化的康庄大道。

A.故步自封　墨守成规　抱残守缺
B.墨守成规　故步自封　抱残守缺
C.抱残守缺　故步自封　墨守成规
D.墨守成规　抱残守缺　故步自封

解析:选B。故步自封,把自己限制在一定的范围之内。比喻安于现状,不求进步或革新,侧重于自我的限制。墨守成规,固执守旧,死报着老规矩不放,不思改革进取,侧重于对规矩的死守。抱残守缺,指舍不得扔下破旧东西,侧重于对旧事物的依恋。①句中"不敢越雷池半步"、②句中"不断进取"、③句中"满足于现状"均是切入点。

11.(2014年新课标卷Ⅰ)依次填入下列各句横线处的成语,最恰当的一组是( )。

①医疗质量是关系到病人生命安危的大事,救死扶伤是医务人员_____的天职。

②中国传统的严父慈母型的家庭关系,常令父亲们_____地承担起教育子女的义务。

③在全国比赛中屡获金奖的我省杂技团,_____地承担了这次出国演出任务。

A.当仁不让　责无旁贷　义不容辞
B.责无旁贷　义不容辞　当仁不让
C.义不容辞　责无旁贷　当仁不让
D.义不容辞　当仁不让　责无旁贷

解析:选C。"当仁不让"侧重"仁",指遇到应该做的事就积极主动去做,不推让;"责无旁贷"侧重"责",指自己应尽的责任,不能推卸给旁人;"义不容辞"侧重"义",指道义上不允许推辞,理应接受。①句的"天职"、②

句的"义务"、③句主要强调的是"不推让"均是突破点。

12.(2014年新课标卷Ⅱ)依次填入下列各句横线处的成语,最恰当的一组是(   )。

①消防工作必须立足于_____,从提高公众的防火意识做起。

②即使现有的产品畅销,也要_____,抓紧技术储备与新产品开发。

③如果我们不从小事做起,_____,那些细小的苗头最终可能酿成大祸。

A.防患未然　防微杜渐　未雨绸缪

B.防患未然　未雨绸缪　防微杜渐

C.未雨绸缪　防微杜渐　防患未然

D.未雨绸缪　防患未然　防微杜渐

解析:选B。防患未然,侧重"未然",在事故或灾害尚未发生之时采取预防措施。未雨绸缪,侧重"未雨"比喻事先做准备。防微杜渐,侧重"微"比喻在坏事情坏思想萌芽的时候就加以制止,不让它发展。①句中"防火意识"意味着未发生,②句中"抓紧……开发"意味着事先的准备,③句中的"细小的苗头"意味着细微的开端。

13.(2013年全国卷Ⅰ)下列各项中,加点的成语使用不恰当的一项是(   )。

A.土耳其举重选手穆特鲁身高只有1.50米,多次参加世界男子举重56公斤级比赛,拿4金牌如探囊取物,人送绰号"举重神童"。

B.冬天老年人要增加营养,也要适当运动,在户外锻炼时一定要量入为出,以步行为宜,时间最好选在傍晚,还要注意保暖,防止着凉。

C.中国茶艺与日本茶道各有特点,但异曲同工,都强调"和"的精神。中日两国青少年也应以和为贵。为中日睦邻友好多作贡献。

D.北京周边的旅游胜地,笔者去过不少。但六月中下旬的绿树繁花中仍有冰挂高悬在危崖上,这一出人意表的奇景却是第一次见到。

解析:选B。量入为出:根据根据收入决定开支。望文生义。

14.(2013年全国卷Ⅱ)下列各句中,加点的成语使用不恰当的一项是(   )。

A.新来的王老师为人不苟言笑,同事们一般都不跟他嘻嘻哈哈,只有谭校长有时还会跟他开点无伤大雅的玩笑。

B.近几年,来中国演出的外国艺术团络绎不绝,不过人们对俄罗斯芭蕾舞团的《天鹅湖》还是情有独钟,屡看不厌。

C.美国博物馆的收费可谓各尽所能:有的一部分收费,有的分时段收费,还有的是否交费、交费多少由参观者自行决定。

D.中、日、韩三国参加这次围棋比赛的运动员,水平都在伯仲之间,谁能胜出,就要看谁具有更好的竞技状态和心理素质了。

解析:选 C。各尽所能,各人尽自己的能力去做,主语应该是人,对象错误。

15.(2018 年江苏卷)在下面一段话的空缺处依次填入词语,最恰当的一组是(   )(3 分)

中国古代的儒家经典,莫不是古圣人深思熟虑、_____ 的结晶。如果把经典仅仅当作一场_____ 的说教,那你永远进不了圣学大门。必得躬亲实践,才能切实_____ 圣人的心得,如此我们的修为才能日有所进。

A.特立独行　　耳提面命　　顿悟

B.特立独行　　耳濡目染　　领悟

C.身体力行　　耳提面命　　领悟

D.身体力行　　耳濡目染　　顿悟

解析:选 C。在解答这个题目的时候,首先看第一处空格填那个词恰当;经过推敲知道,第一处空格应该填入“身体力行”一词;A 和 B 选项排除。接下来看第二处空格,经过推敲知道,第二处空格应该填入“耳提面命”一词;排除 D 项,选 C。

第二单元　辨析并修改病句

　　所谓病句,就是词语运用不当、不合语法结构、不合逻辑或不合语言习惯的句子。病句给语言交际带来障碍,削弱了语言表达效果。高考考查辨析并修改病句的目的就是要求说话、写文章遵循语言规范,以免影响表达效果或出现歧义等。

第一课　高考真题解析

本课学习目标

　　1.通过考纲解读和真题分析,弄清病句考查的基本题型,明确复习重点。

　　2.通过真题解析指导,掌握病句"辨析""修改"各题型的答题方法。

　　课时建议:1课时。

一、考纲呈现

　　2018年新课标《考试大纲》要求:辨析并修改病句,能力层级 E 级。

二、考纲解读

　　1."辨析并修改",说明该考点考查方向:辨析,修改。其中"辨析"是指分辨句子有无语病,是什么语病,命题方式一般为客观题;"修改"是指改正有语病的地方,命题方式一般为主观题。

　　2.《考试大纲》规定以下六种病句类型为考查重点:语序不当,搭配不当,成分残缺或赘余,结构混乱,表意不明,不合逻辑。

三、考点真题分析

　　例1.(2017年新课标卷Ⅰ)下列各句中,没有语病的一句是(　　　)。(3分)

A. 根据本报和部分出版机构联合开展的调查显示,儿童的阅读启蒙集中在 1~2 岁之间,并且阅读时长是随着年龄的增长而增加的。

B. 为了培养学生关心他人的美德,我们学校决定组织开展义工服务活动,三个月内要求每名学生完成 20 个小时的义工服务。

C. 在互联网时代,各领域发展都需要速度更快、成本更低的信息网络,网络提速降费能够推动"互联网＋"快速发展和企业广泛收益。

D. 面对经济全球化带来的机遇和挑战,正确的选择是,充分利用一切机遇,合作应对一切挑战,引导好经济全球化走向。

答案:D

考点归属:辨析并修改病句。能力层级为表达应用 E。

解析:本题考查语病辨析。A. 属于典型的句式杂糅,是"根据……调查"与"……调查显示",两种说法的杂糅。B. 语序不当,应把"三个月内"放在"完成"一词的前面。C. 搭配不当,属于不完全搭配,"推动"能搭配"发展",不能搭配"收益"。

例 2.(2017 年新课标卷Ⅱ)下列各句中,没有语病的一句是(　　)。(3 分)

A. 截至 12 月底,我院已经推出了 40 多次以声光电技术打造的主题鲜明的展览,是建院 90 年来展览次数最多的一年。

B. 书法是我国优秀的传统文化,近年来在教育部门大力扶持下,使得中小学书法教育蓬勃发展,学生水平大幅提高。

C. 我国传统的"二十四节气"被列入《人类非物质文化遗产代表作名录》,使得这一古老的文明再次吸引了世人的目光。

D. 这家公司虽然待遇一般,发展前景却非常好,许多同学都投了简历,但最后公司只录取了我们学校推荐的两个名额。

答案:C

考点归属:辨析并修改病句。能力层级为表达运用 E。

解析:A. 主宾搭配不当,末句压缩后是:"我院是一年",明显错误。应给末句补上主语"这一年"。B. 主语残缺,去掉"使得"。D. 搭配不当,不能"录取""名额",而是"录取""学生"。

例 3.(2017 年新课标卷Ⅲ)下列各句中,没有语病的一句是(　　)。(3 分)

A. 今天参观的石窟造像群气势宏伟,内容丰富,堪称当时的石刻艺术之冠,被誉为中国古代雕刻艺术的宝库。

B. 传统文化中的餐桌礼仪是很受重视的。老人常说,看一个人的吃相,往往会暴露他的性格特点和教养情况。

C.在那些父母性格温和、情绪平和的孩子身上,往往笑容更多,幸福感更强,抗挫折能力更突出,看待世界也更加宽容。

D.经过几代航天人的艰苦奋斗,中国的航天事业开创了以"两弹一星"、载人航天、月球探测为代表的辉煌成就。

答案:A

考点归属:辨析并修改病句。能力层级为表达运用E。

解析:B.主谓搭配不当,"暴露性格特点和教养情况"的应该是"吃相",而不是"看吃相"所以应删除"看"。C.滥用介词,淹没主语。删去"在"和"身上","笑容更多","幸福感更强"的主语是"孩子"而不是"在孩子身上"。D.动宾搭配不当,动词"开创"与宾语"成就"搭配不当,应将"开创"改为"取得"。

例4.(**2017年天津卷**)下列各句中,没有语病的一句是( )。(3分)

A.为迎办第十三届全国运动会,市容园林系统集中力量营造整洁有序、大气靓丽、优质宜居的城市形象。

B.随着厂商陆续推出新车型,消费者又再次将目光聚焦到新能源车上,不少新能源车的增长在15%到30%左右。

C.河道综合治理工程完成后,将为尽早实现京津冀北运河全线通航打好基础,并将成为北运河的一个重要旅游节点。

D.当人类信息以指数级别爆炸式增长时,我们需要能深度学习的人工智能为我们提供协助,帮助我们让生活更加便捷轻松。

答案:D

考点归属:辨析并修改病句。能力层级为表达运用E。

解析:A.动宾搭配不当,不能"营造""形象"而是"打造""形象"。B.成分赘余,同时该句也不合逻辑,应去掉"左右"。C.成分残缺,将"……后"改为"完成后的河道综合治理工程",这样后面两句都有合适的主语了。

例5.(**2016年全国Ⅰ卷**)下列各句中,没有语病的一句是( )。(3分)

A.近日刚刚建成的西红门创业大街和青年创新创业大赛同步启动,绿色设计和"互联网+农业"设计是本次赛事的两大主题。

B.最近几年,从中央到地方各级政府出台了一系列新能源汽车扶持政策,节能环保、经济实惠的新能源汽车逐渐进入老百姓的生活。

C.实时性是以互联网为载体的新媒体的重要特点,是通过图片、声音、文字对新近发生和正在发生的事件进行传播的。

　　D.广西传统文化既具有典型的本土特色,又兼有受中原文化、客家文化、湘楚文化共同影响下形成的其他特点。

　　答案:B

　　考点归属:辨析并修改病句。能力层级为E级。

　　解析:A.错误在于主谓搭配不当。A句的主语是"西红门创业大街和青年创新创业大赛",它包括"大街"和"大赛"两个中心语,与之搭配的谓语动词是"启动",这就出现问题了:"大赛"和"启动"可以搭配,但是"大街"和"启动"不能搭配。C.主语残缺,从整个句子的语义来判断"是通过图片、声音、文字对新近发生和正在发生的事件进行传播的"的主语应该是"新媒体",这是不能省略的,否则主语就变成了"实时性",而"实时性"不能作这句的主语。D.句式杂糅。"受中原文化、客家文化、湘楚文化共同影响下形成的其他特点"错误,它是"在中原文化、客家文化、湘楚文化共同影响下形成的其他特点"和"受中原文化、客家文化、湘楚文化共同影响形成的其他特点"两种说法的杂糅。

　　例6.(2016年全国卷Ⅱ)下列各句中,没有语病的一句是(　　　　)。(3分)

　　A.自从我国第一颗人造卫星"东方红一号"成功发射,成为世界上第五个把卫星送上天的国家以来,我国的航天事业取得了巨大的突破。

　　B.国务院近日发布盐业体制改革方案,提出不再核准新增食盐定点生产批发企业,取消食盐批发企业只能在指定范围内销售,允许它们开展跨区域经营。

　　C.职业教育的意义不仅在于传授技能,更在于育人,因此有意识地把工匠精神渗透进日常的技能教学中是职业教育改革的重要课题。

　　D.面对突然发生的灾难,一个地方抗灾能力的强弱既取决于当地经济实力的雄厚,更取决于政府的应急机制和领导人的智慧。

　　答案:C

　　考点归属:辨析并修改病句。能力层级为E级。

　　解析:A.错误在于主宾语搭配不当,"自从……以来"中间的小句"我国第一颗人造地球卫星'东方红一号'成功发射,成为世界上第五个把卫星送上天的国家",主语是"东方红一号",谓语是"成为",宾语是"国家",显然搭配不当。B.错误在于宾语残缺。"取消食盐批发企业只能在指定范围内销售"中缺少了宾语"规定"。D.错在一面与两面的搭配不当,前文"抗灾能力的强弱"说的是正反两个方面,后面"经济实力的雄厚",只说了一个方面。

例 7.（2016 年全国卷 Ⅲ）下列各句中,没有语病的一句是（　　）。
(3 分)

A. 随着技术的进步和经验的积累,再加上政策的扶持,使得我国自主品牌汽车进入快速发展时期,各种创新产品层出不穷。

B. 如果有一天科技发展到人们乘宇宙飞船就像今天乘飞机一样方便的时候,银河就不再遥远,宇宙也就不再那么神秘了。

C. 首届跨境电商论坛近日在北京举行,来自各知名电商的数十名代表齐聚一堂,分析了电商企业面临的机遇和挑战。

D. 在第 40 个国际博物馆日到来之际,本市历时三年开展的第一次全国可移动文物普查工作,昨日交出了首份答卷。

答案:C

考点归属:辨析并修改病句。能力层级为 E 级。

解析:A. 成分残缺,缺主语。介词“随着”掩盖了句子的主语。可将“随着”或者“使”去掉。B. 搭配不当,“发展到……时候”改为“发展到……程度”。D. 语序不当。多重定语语序不恰当。“第一次”和“全国”交换位置,“历时三年”后移到“昨日”前。

四、考情分析

1. 试题题型稳定。《考试大纲》每年都在不断变化,有些考点甚至产生很大的变化,唯独“辨析并修改病句”这一考点始终保留,题型分值也一直保持稳定,考点的重要性可见一斑。

2. 考查目的明确。考题一般严格按照六大类病句命题,为了尽可能在考查范围上全面覆盖病句的不同的类型,考题题干一直以“选出正确的一项”来命制。

3. 选材贴近现实。选项的语句大多出自新近的报纸杂志和新闻报道,不回避社会热点,新颖新鲜,富有浓郁的生活气息,体现出一定的人文关怀。

五、2018 真题解析

考点变化:在过去题型一直稳定的基础上,今年三套全国卷都发生了很大变化。首先,题型由辨析改为修改;其次,由考查四个独立句子是否有语病变为给定一个语段,再从原文中摘出一个病句并给出四种修改,要求选出修改正确的一项。可以看出,病句的考查已趋向关注语境,侧重实际应用的能力。该题的正确解答需要具备扎实的语法基本功以及准确解读句子内涵的能力。

1.(2018年全国卷Ⅰ)阅读下面的文字,完成下列问题。

"大洋一号"是中国第一艘现代化的综合性远洋科学考察船。自1995年以来,<u>这艘船经历了大洋矿产资源研究开发专项的多个远洋调查航次和大陆架勘查多个航次的任务</u>。今年,它又完成了历时45天、航程6208海里的综合海试任务。对不熟悉的人而言,(　　　　)。在这里,重力和ADCP实验室、磁力实验室、地震实验室、综合电子实验室、地质实验室、生物基因实验室、深拖和超短基线实验室等各种实验室_____,分布在第三、四层船舱。由于船上配备了很多先进设备,人不用下水就能进行海底勘探。比如,深海可视采样系统可以将海底微地形地貌图像传到科学考察船上,犹如有了千里眼,海底世界可以_____,并可根据需要_____地抓取矿物样品和采集海底水样;深海浅层岩芯取样钻机可以在深海底比较坚硬的岩石上钻取岩芯。

"大洋一号"的远航活动,与郑和下西洋相呼应。600年前,伟大的航海家郑和七下西洋,在世界航海史上留下了光辉的一页。600年后,"大洋一号"不断进步,_____,在《联合国海洋法公约》的法律框架下,探索海洋奥秘,开发海洋资源,以实际行动为人类和平利用海洋作出了中国人民的贡献。

文中画横线的句子有语病,下列修改最恰当的一项是(　　)。(3分)

A.这艘船经历了大洋矿产资源研究开发专项的多个远洋调查航次和大陆架勘查多个航次的调查。

B.这艘船执行了大洋矿产资源研究开发专项的多个远洋调查航次和多个大陆架勘查航次的任务。

C.这艘船经历了大洋矿产资源研究开发专项的多个远洋调查航次,完成了多个航次大陆勘查任务。

D.这艘船执行了大洋矿产资源研究开发专项的多个远洋调查航次,完成了多个大陆架勘查航次的任务。

答案:B。

解析:给每个选项划分句子成分即可发现问题所在。A."经历……航次"搭配不当;C."经历了……航次"搭配不当;D."执行……航次"搭配不当。

2.(2018年全国卷Ⅱ)阅读下面的文字,完成下列问题。

戏曲既需要传承也需要创新,这是业内的基本共识。然而,近年来由于一些创新尝试未收到理想效果,有人就将创新和继承对立起来,认为戏曲不必创新。尤其是昆曲等戏曲艺术进入世界非物质文化遗产名录之后,创新在某些人那里几乎成了贬义词。(　　　　)。随着时代的发展变化,戏曲艺术不断被赋予新的内涵。如果一直固守原有形态,只强调复制和模仿,戏曲恐怕早在数百年前就＿＿＿＿＿＿了。突破前人、大胆创新,这是各个时代取得伟大成就的艺术家的共性。诚如某戏剧评论家所言,没有一位＿＿＿＿＿＿的京剧名伶是靠模仿或重复而成就自己的。京剧大师梅兰芳,以坚定的信念和博大的胸怀为京剧改革作出巨大贡献。他眼界开阔,＿＿＿＿＿＿,除唱腔、表演技巧之外,还从化妆、灯光、服装、舞蹈、剧目创作等多个方面进行了大量的探索,可谓"剧剧有创新,剧剧有新腔"。尚小云、荀慧生、于连泉等人,也是因为具有超越前人的理想和切实的努力,不满足于停留在雷池之内＿＿＿＿＿＿,才能够在强大的保守情绪的笼罩下突破藩篱,从而成为新流派的创始人。当然,戏曲的创新必须以传承为基础,是传承中的创新,<u>而不是眼花缭乱甚至任性妄为的创新,才能探索出一条能够被大多数观众接受的创新之路来</u>。

文中画横线的部分有语病,下列修改最恰当的一项是(　　)。(3分)

A. 而不是眼花缭乱甚至任性妄为的创新,这样才能探索出一条能够被大多数观众接受的创新之路来。

B. 而不是令人眼花缭乱甚至任性妄为的创新,这样才能探索出一条能够被大多数观众接受的创新之路来。

C. 而不是令人眼花缭乱甚至任性妄为的创新,才能探索出一条能够被大多数观众接受的创新之路来。

D. 而不是眼花缭乱甚至任性妄为的创新,这样我们才能探索出一条能够被大多数观众接受的创新之路来。

答案:B。

解析:本句关涉的语境是:戏曲的创新必须以传承为基础,是传承中的创新,而不是眼花缭乱甚至任性妄为的创新,才能探索出一条能够被大多数观众接受的创新之路来。上句陈述为:戏曲的创新必须以传承为基础,是传承中的创新,从陈述对象一致性角度考虑,下句主语依然应为"戏曲的创新",但A、D的"眼花缭乱"前缺少"令人"改变了主语;C后半句"才能探索"前缺少指代上文的主语"这样",导致语意表达不完整。

3.(2018年全国卷Ⅲ)阅读下面的文字,完成下列问题。

除了人会为了理想奔波迁徙以外,很多动物也有着自己＿＿＿＿＿＿的迁徙盛举。冬季来临,天气寒冷,食物短缺,很多动物选择集体逃离,待到春暖花开、万物复苏再一起回来。动物迁徙是有确定路线的。它们对驻地有着自己的坚守和执着,而不是_____。对于动物究竟如何确定自己的迁徙路线,科学家一直都充满好奇。有科学家认为,迁徙动物都有独特的"助航设施",<u>它们通过海岸线等作为参照,利用特殊的嗅觉和听觉等获得方向。</u>也有科学家认为,迁徙动物身体中存在磁受体,可以感应地球磁场,它们有自己的生物指南针。更有趣的是,又有科学家发现即使是室内饲养的、从未接触过其他同伴的年轻乌鸦,也会沿着祖辈飞过的路线进行迁徙,也就是说,(_____),它们天生就知道去哪里寻找温暖的地方过冬。到目前为止,关于动物迁徙路线确定的问题,科学家仍在_____地进行探究,我们期待着更加_____的故事出现。

文中画横线的句子有语病,下列修改最恰当的一项是(　　)。(3分)

A.它们通过海岸线等作为参照,利用特殊的嗅觉和听觉等辨明方向。

B.它们以海岸线等作为参照,利用特殊的嗅觉和听觉等辨别方向。

C.它们以海岸线等作为参照,利用特殊的嗅觉和听觉等辨析方向。

D.它们通过海岸线等作为参照,利用特殊的嗅觉和听觉等辨识方向。

答案:B。

解析:此题的语病主要是搭配不当。画线原句:"通过……作为参照"不搭配,"获得……方向"动宾也不搭配。在理解这些的基础上分析四个选项,发现:A项介词"通过"和"作为"不搭配。C项"辨析"和"方向"不搭配。D项介词"通过"和"作为"不搭配,"辨识"和"方向"不搭配。

第二课　解题知识储备

陕西省高考理科状元语文高考 145 分,针对病句错题复习他这样说过:掌握语文基础知识,是做好辨析病句题的前提。我在高三复习中曾把初中课本上句子成分方面内容进行一番梳理,主、谓、宾、定、状、补的功能都弄得清清楚楚……这也许就是他成功的经验之一吧。

掌握修改语病的方法,我们首先要从语法基础——句子的成分开始。

本课学习目标

1.通过本节学习,掌握句子成分这一语文必备语法知识。

2.通过相关练习,提高语法分析能力。

课时建议:1 课时。

句子成分

一、基本成分

句子成分：主　　谓　　宾　　定　　状　　补
对应符号：＝　　—　　～　　（ ）　　[ ]　　< >

二、句子成分基础知识

（一）主语

主语：句子的陈述对象。指明说的是"什么人"或"什么事物"。

示例：

(1)我们学校很出名。（主语：我们学校）

(2)春天是我喜爱的季节。（主语：春天）

(3)《平凡的世界》是一部现实主义小说。（主语：《平凡的世界》）

(4)这个旅游景区将封园改造。（主语：这个旅游景区）

能 力 训 练

试找出下面句子的主语。

(1)这桌酒席的价格是你绝对想不到的。

(2)爸爸是喜欢唱歌而不喜欢热闹的男人。

(3)教室里坐满了家长。

(4)我们组长做事十分小心。

(5)校园里没有这样的树。

(6)舞台上演员的表演十分精彩。

(7)在宇宙的大生命中，我们是多么卑微。

答案：

(1)这桌酒席的<u>价格</u>是你绝对想不到的。

(2)<u>爸爸</u>是喜欢唱歌而不喜欢热闹的男人。

(3)<u>教室里</u>坐满了家长。

(4)我们<u>组长</u>做事十分小心。

(5)<u>校园里</u>没有这样的树。

(6)舞台上演员的<u>表演</u>十分精彩。

(7)在宇宙的大生命中，<u>我们</u>是多么卑微。

（二）谓语

谓语:陈述说明主语的,说明主语"是什么"或"怎么样"。

示例:

(1)树上的鸟儿飞走了。(谓语:飞走)

(2)明天星期日。(谓语:星期日)

(3)习近平主席会见特朗普。(谓语:会见)

(4)禾苗钻出地面。(谓语:钻出)

能力训练

试着找出下面句子的谓语。

(1)公园里盛开着鲜花。

(2)流星划过夜空。

(3)这台电脑运行缓慢。

(4)明天晴天。

(5)邻家妹妹画画专心。

答案:

(1)公园里盛开着鲜花。

(2)流星划过夜空。

(3)这台电脑运行缓慢。

(4)明天晴天。

(5)邻家妹妹画画专心。

（三）宾语

宾语:放在谓语后,表示动作行为涉及的人或物。

示例:

(1)我爬上山顶。

(2)他打开电脑。

(3)最大的乐趣是体育课上做游戏。

(4)台下坐着给我加油助威的。

另外,还有一种特殊情况,有的动词带两个宾语,这种情况叫双宾语,如:

(5)他曾经送给我一块手表。

能力训练

试着找出下面句子的宾语。

（1）知识改变命运。

（2）我听说现在班长已经出了国。

（3）班主任刚知道这件事情的始末。

（4）工作人员记录到会情况。

（5）李明是张教授的得意门生。

（6）保障乘客安全是网约车规范发展的底线。

（7）泰国警方已经逮捕了那位涉事的"黑导游"李某。

答案：

（1）知识改变<u>命运</u>。

（2）我听说<u>现在</u>班长已经出了<u>国</u>。

（3）班主任刚知道<u>这件事情的始末</u>。

（4）工作人员记录<u>到会情况</u>。

（5）李明是张教授的<u>得意门生</u>。

（6）保障乘客安全是<u>网约车规范发展的底线</u>。

（7）泰国警方已经逮捕了<u>那位涉事的"黑导游"李某</u>。

（四）定语

定语：名词、代词前的连带成分，用来修饰名词、代词或名词性、代词性短语。

示例：

（红色的）花朵   （聪明的）弟弟

（晴朗的）天气   （孩子的）父亲

（大会的）致辞   （失传的）古老民间艺术

（五）状语

状语：修饰动词、形容词的成分，放在动词、形容词前面，表示状态、方式、时间、处所、程度等。

示例：

（1）他［小心翼翼］地爬上房顶。

（2）他［慢慢地］捡起地上的豆子。

（3）我［今天中午］看电影。

（4）我［在学校］吃午饭。

（5）小王［很］可爱。

（6）天气［特别］冷。

（六）补语

补语：放在动词、形容词后面，用来补充说明动作行为、性质、状态等情况。

示例：

(1)太阳照＜遍＞全球。

(2)把教室打扫＜干净＞。

(3)房价涨得＜很快＞。

(4)作业是生字写＜三遍＞。

(5)高粱笑＜弯了腰＞。

下面是一个成分完备的完整句子示例：

<u>马克思</u>[第一次][彻底]地<u>解释</u>＜清楚＞(自然和社会)的发展<u>规律</u>。

■ 能 力 训 练 ■

划分下列句子成分。

(1)良好的习惯往往改变人的命运。

(2)喜欢阅读的他十分认真地读完了两本书。

(3)不喜欢运动,却喜欢阅读的小明,昨天下午十分认真地读完了两篇老师推荐的小说。

(4)我们所遇到的毕竟还是好人多于坏人。

(5)船长已经不耐烦我父亲的那番话。

(6)经过多少世纪的风雨,他仍然屹立在死海附近的山坡上。

(7)这小姑娘的镇定勇敢乐观的精神鼓舞了我。

(9)一大早,勤奋的同学们就安静地坐在教室里认真地复习各门功课。

(10)青藏铁路的通车把幸福和繁荣带给了住在那里的人们。

答案：

(1)(良好)的<u>习惯</u>[往往]<u>改变</u>(人)的<u>命运</u>。

(2)(喜欢阅读)的<u>他</u>[十分认真]地<u>读</u>＜完了＞(两本)<u>书</u>。

(3)(不喜欢运动,却喜欢阅读)的<u>小明</u>,[昨天下午][十分认真]地<u>读</u>＜完了＞(两篇)(老师推荐)的<u>小说</u>。

(4)<u>我们所遇到的</u>[毕竟][还]<u>是</u>好人多于坏人。

(5)<u>船长</u>[已经][不]<u>耐烦</u>(我父亲)的(那番)<u>话</u>。

(6)[经过多少世纪的风雨],<u>他</u>[仍然]<u>屹立</u>＜在死海附近的山坡上＞。

(7)(这小姑娘)的(镇定勇敢乐观)的<u>精神</u><u>鼓舞</u>了我。

(8)(闰土)的<u>心里</u><u>有</u>(无穷无尽)的(稀奇)的事。

(9)[一大早],(勤奋)的<u>同学们</u>[就][安静]地<u>坐</u>＜在教室里＞[认真]地复习各门功课。

(10)(青藏铁路)的通车[把幸福和繁荣]带给了(住在那里)的人们。

第三课　解题技巧指导

1. 了解各类常见的病句。
2. 通过修改病句的练习,提高病句辨析能力,以及语言表达能力。
课时建议:每部分1课时,共6课时。

一、语序不当类病句突破

从语法角度讲,句子内部的词序、句序只有依照合理的顺序才能清晰准确地表情达义,否则就会导致不合事理、表意不明、主客颠倒等语病。这类病句主要有以下几种情况。

1. 修饰语语序不当

误例:

(1)老师们表现出无比的进行课堂改革的热情。

(2)许多附近的同学都赶来救助。

(3)我们顺利地按照王老师的思路,解出了那道难题。

(4)迎面吹来的寒风不禁使我打了个寒战。

解析:

(1)"无比的"是"热情"的定语,应置于"热情"的前面。

(2)"许多"是"同学"的定语,应置于"同学"的前面。

(3)"顺利地"是"解出"的状语,应置于"解出"的前面。

(4)"不禁"是"打"的状语,应置于"打"的前面。

2. 多项定语语序不当

多项定语排列的语序一般是:领属性或时间处所的＋数量词＋动词或动词短语＋形容词或形容词短语＋名词或名词性短语＋中心语。另外,带"的"的定语放在不带"的"的定语前。

正例:我们班的一位刚转学来的优秀的物理课代表。

误例:他是一位优秀的有十多年实战经验的山西的篮球女教练。

解析:领属性定语"山西"应放在最前面,形容词定语"优秀"放在动词短语定语"有十多年实战经验"后面。

正确顺序:他是山西的一位有十多年实战经验的优秀的篮球女教练。

3. 多项状语语序不当

多项状语排列的语序一般是:目的原因状语＋时间处所状语＋一般副词＋情态动词＋表对象的介宾短语＋中心语。

正例:为了表达感谢,我们宿舍的舍友们昨天在学校食堂热情地给他接风。

误例:这家单位为了迎合大众,竟然大张旗鼓地在国家主流媒体上为自己做不切实际的宣传。

解析:表处所的状语"在国家主流媒体上"应放在表情态的状语"大张旗鼓"的前面。

能力训练

下列句子语序不当,请调整修改。

(1)陈列室里陈列着各式各样小平同志过去使用过的东西。

(2)故宫博物院展出了两千多年前新出土的文物。

(3)生物老师做实验,总是把动物用绳子绑在实验室的桌腿上。

(4)在美国有 15 个州禁止黑人在娱乐场所与白人享有平等的地位。

答案:

(1)把"各式各样"放到"的东西"前。

(2)把"新出土"放到"两千多年前"前。

(3)把"用绳子"放到"把动物"前。

(4)把"与白人"放到"平等"前。

4. 虚词位置不当

(1)"把字句""被字句"遇到否定词"不",应将"不"放在"把""被"的前面。

误例①. 我们如果把自己国内的事情不努力搞好,在国际上就很难立足了。

误例②. 我的想法被她不看好。

(2)复句中关联词语位置有次序。两个分句如果同主语,主语置前,关联词置后;两个分句,如果主语不同,关联词置前,主语置后。

正例①. 他不但成绩优秀,而且人品极好。(分句主语相同,主语在关联词前。)

误例①. 不但他成绩优秀,而且人品极好。

正例②.不但他成绩优秀,而且他兄弟成绩也不错。(分句主语不同,关联词在前)

误例②.他如果不能实事求是,事业就会受到损失。(分句主语不同,应将"如果"放在"他"前)

误例③.不但他爱下围棋,而且精于围棋发展史的研究。("他"放在"不但"前)

误例④.先生侃侃而谈,他的音容笑貌虽然没什么变化,但眼角的皱纹似乎暗示着这些年的艰辛和不快。("虽然"放在"他的音容笑貌"前)

5.并列短语语序不当

句子内部如果有并列短语,就要按照先后、轻重、远近、高低等逻辑进行排列。

误例:素质教育是培养学生解决问题、发现问题、分析问题的能力。

解析:正确顺序应该是:发现问题、分析问题、解决问题。

能力训练

找出下列句子语序不当处并作出修改。

(1)不断改善并切实保障民生才能真正保持社会和谐与稳定。

(2)一种观念,只有被人们普遍接受、理解和掌握,并转化为整个社会的群体意识,才能成为人们自觉遵守和奉行的准则。

(3)在全球化背景下,他在达沃斯讲台上的精彩阐述,无形中能够增进世界对中国发展道路的了解、支持、认同。

(4)近两年来,随着微博这一交流方式的发展和兴起,全国越来越多的政府机构人员纷纷开通微博,及时公布有关信息,提升政府在民众中的形象。

(5)我国全面落实并确立依法治国的基本方略,社会主义法治理念逐步深入人心。

(6)中国文物流失数量惊人,中国流失海外的文物究竟有多少?这恐怕是谁也无法回答的一个问题。

答案及解析:

(1)把"不断改善并切实保障"改为"切实保障并不断改善"。

(2)"接受"与"理解"交换顺序。

(3)改"了解、支持、认同"为"了解、认同、支持"。

(4)"发展"与"兴起"交换顺序。

(5)"确立"与"全面落实"交换顺序。

（6）把"一个"放到"谁也无法"的前面。

解题指导：

第一，记住多项定语、状语排列的顺序。

第二，修饰语要贴近被修饰词或短语。

第三，出现并列短语时，一定分清逻辑先后。

第四，出现递进复句，一定看清内涵上有无递进意义。

二、搭配不当类病句突破

汉语句子的搭配有其固定的规律，主、谓、宾、定、状、补的搭配要符合语法规律。

搭配不当就是句子的某些成分不符合语法规律。这方面常见的病句形式有：主谓搭配不当、动宾搭配不当、主宾搭配不当、修饰语与中心语搭配不当、一面与两面搭配不当、用词不当等。

（一）主谓搭配不当

误例：

（1）这村蔬菜的的<u>生产量</u>，除供本地<u>消费</u>外，还向外地<u>输送</u>。

（2）我国粮食的<u>生产</u>，过去不能<u>自给</u>。

（3）这些战士的<u>崇高品质</u>和伟大形象，经常<u>浮现</u>在我的脑海中。

（4）他为这项设计付出的<u>所有努力</u>和取得的<u>成绩</u>，终于得到了<u>回报</u>。

解析：

（1）主语"生产量"与谓语"消费""输送"不搭配。

（2）主语"生产"与谓语"自给"不搭配。

（3）主语"崇高品质"与谓语"浮现"不搭配。

（4）主语"取得的成绩"与谓语"回报"不搭配。

能力训练

修改下列病句。

（1）（2010年江西卷）素有"庐山第一景"之称的石门涧，是庐山的西大门。这里一年四季泉水叮咚，鸟语花香，青松翠柏，云蒸雾绕。

（2）（2015年浙江卷）我国重新修订《食品安全法》，目的是用更严格的监管、更严厉的处罚、更严肃的问责，确实保障"舌尖上的安全"，被称为"最严食品安全法"。

（3）（2016年全国卷Ⅰ）近日刚刚建成的西红门创业大街和青年创新大赛同步启动，绿色设计和"互联网＋农业"设计是本次赛事的两大主题。

（4）（2015年全国卷Ⅱ）"地坛书市"曾经是北京市民非常喜爱的文化品牌，去年更名为"北京书市"并落户朝阳公园后，依旧热情不减。

（5）2015羊年春晚着力演绎"中国梦""中国情"两大主线，与往届春晚相比，这两条线索的节目更加精准，主题更加集中，铺陈更加合理，现场观众的反响更加热情。

（6）（2014年湖南卷）家风是一个影响力和美誉度都好的家族的必备要素。

答案及解析：

（1）主语为"一年四季"，谓语都由主谓短语构成，而"青松翠柏"为名词短语，与主语不搭配，根据全句整体意义应改为"松青柏翠"。

（2）主语"目的"与"被称为……"不搭配。在"被"前面补上主语《食品安全法》。

（3）主语"创业大街"与谓语"启动"搭配不当。

（4）主语"地坛书市"与谓语"热情不减"搭配不当。

（5）"反响"与"热情"不搭配，改为"热烈"。

（6）"影响力和美誉度都好"主谓搭配不当。

（二）动宾搭配不当（最常见）

误例：

（1）学生应虚心听取老师的意见，改进学习中的错误和缺点。

（2）我们怀着崇敬的心情，注视和倾听着这位英雄的报告。

（3）他在英语国家工作一年，掌握了阿拉伯语的基础应用。

（4）有人看够了城市的繁华，喜欢到一些人迹罕至的地方去游玩，但这是有风险的，近年来已经发生了多次背包客被困山野的案情。

（5）突如其来的大地震毁坏了无数家园和数以万计的生命，但是，它摧不垮众志成城、同舟共济的中国人民。

解析：

（1）动词"改进"和宾语"错误和缺点"搭配不当。应把"改进"改为"改正"。

（2）谓语部分的"注视"和宾语"报告"搭配不当。应去掉"注视"。

（3）动词"掌握"和宾语"应用"搭配不当。应把"应用"改为"知识"。

（4）动词"发生"和宾语"案情"搭配不当。应把"案情"改为"案件"。

（5）动词"毁坏"能和宾语部分的"家园"搭配，但和宾语"生命"不搭配。应把"和"去掉，再加个谓语"夺走"来搭配宾语"生命"。

（三）主宾不搭配

误例：

（1）春天的北京是美丽的季节

（2）我坚信有那么一天,中国的工业和农业终会成为发达的国家。

（3）在我国,政治稳定、团结的局面是市场经济发展的先决条件。

（4）随着大运会的日益临近,深圳随处可见志愿者忙碌的身影,迎接大运会已成为展现志愿者风采的广阔舞台。

解析：

（1）"北京"不是"季节",主宾不搭配。

（2）"工业与农业"不是"国家",主宾不搭配。

（3）"局面"不是"先决条件",主宾不搭配。

（4）"迎接大运会"不是"广阔舞台"。主宾不搭配。

解题指导：

请观察以上句子,寻找规律,不难发现,它们的谓语有特点:多为"是""成为""为""成了",看来,这些词语作谓语时,往往会出现"主宾搭配不当"的语病。

能力训练

给下列句子找出语病并作修改。

（1）这次招聘,一半以上的应聘者曾多年担任外资企业的中高层管理岗位,有较丰富的管理经验。

（2）加强和改进艺术评论工作,引领艺术创作和群众艺术鉴赏水平,纠正不良创作倾向,是艺术评论家必须承担的职责。

（3）在北京、上海两地举办的日本电影周以及在我国其他省市陆续上映的五部日本影片,这是几年来日本电影中具有特殊风格和民族特色的作品。

（4）微山湖水域面积大,加之夏季荷花盛开,蓝天碧水环绕,水中鱼儿欢快地游动,水面十万亩荷花竞相开放,正是游人游水赏荷的好季节。

（5）被誉为工业设计界的"诺贝尔奖"的"金圆规奖"于2015年首次迈向国际,对于一位工业设计师而言,拿到"金圆规奖"是其设计生涯的最高奖项。

（6）当今的世界,各个国家、地区相互依存,已经形成了你中有我、我中有你的格局,是一个全球经济化的时代。

答案及解析：

（1）"担任……岗位"属于动宾搭配不当,应是"担任……职务"。

（2）"引领"与"水平"属于动宾不搭配,应改"引领"为"提高"。

（3）主语"日本电影周"与宾语"作品"不搭配。

（4）末句省略的主语应是"微山湖",它和宾语"好季节"不搭配。

（5）主语"拿到'金圆规奖'"与宾语"最高奖项"不搭配。

（6）"当今的世界"是末句省略的主语,它和宾语"时代"不搭配。

（四）修饰语与中心语不搭配

误例：

（1）由于缺乏考虑,这件事给您造成不必要的浪费。

（2）我们严肃地研究了专家的建议,又虚心征求了群众的意见。

（3）天刚亮,大街两旁就站满了数万名欢送的人群。

（4）漫步桃园,那一排排、一行行、一树树的桃林让人流连忘返;中餐后还可去自费采摘,那柔软多汁的大桃更让你大快朵颐。

解析：

（1）所有"浪费"都是"不必要"的,定语与中心语不搭配,改"浪费"为"花费"。

（2）状语"严肃"与中心语"研究"不搭配,改"严肃"为"认真"。

（3）定语"数万名"不可以修饰集体名词"人群"。

（4）定语"一排排、一行行、一树树"不可以修饰集体名词"桃林",可将"桃林"改为"桃树"。

解题指导：

集体名词不可用数量词或数量短语修饰,例如:信件、河流、人口、书籍、布匹……

（五）一面与两面不搭配

误例：

（1）学生成绩的提高,取决于学生自身是否努力。

（2）投资环境的好坏,服务质量的优劣,政府公务员素质的高低,都是地区经济健康发展的重要保证。

（3）面对突然发生的灾难,一个地方抗灾能力的强弱既取决于当地经济实力的雄厚,更取决于政府的应急机制和领导人的智慧。

解析：

（1）"提高"与"是否努力"不搭配。

（2）"好坏、优劣、高低"与"健康发展"不搭配。

（3）"强弱"与"雄厚"不搭配。

解题指导：

句中出现这些词:是否、能否、好不好、强弱、优劣……一定仔细分析,看是否均为两面。

例1.人才培养的质量是衡量一所大学办得好不好的重要因素。(正确)

例2.家是温馨的港湾,楼道则是通向港湾的必经之路,这条路走得顺不顺畅,影响着底层居民居住的幸福感。(正确)

三、成分残缺或赘余类病句突破

成分残缺是指句子不具备省略的条件,而缺失了成分的语病。成分赘余是指句子中出现了表达相同意思、有相同作用的成分。

(一)成分残缺

1. 主语残缺

表现一:滥用介词,淹没主语。常见的淹没主语的介词有:由于、经过、通过、在、在……中、从、为了……

误例:

(1)经过三天三夜的彻底反思,使他对这次失败有了清醒的认识。

(2)由于这些大学生们缺乏安全防范意识,致使他们在返校途中上当被害。

(3)由于司机疲劳驾驶,使货车撞到大树,跌落山下。

(4)(高考真题)随着技术的进步和经验的积累,再加上政策的扶持,使得我国自主品牌汽车进入快速发展时期,各种创新产品层出不穷。

解析:

(1)滥用介词"经过",导致"使他"失去主语。(应去掉"经过")

(2)滥用介词"由于",导致"致使"失去主语。(可去掉"由于")

(3)滥用介词"由于",导致"使"失去主语。(可去掉"由于"或"使")

(4)滥用介词"随着",导致下句"使得"失去主语。(去掉"随着")

表现二:承前省略或蒙后省略,在不该省略时残缺了主语。

误例:

(1)一位山东大哥给国家文物部门献出了一枚祖传的花瓶,具有极高的保存价值。

(2)抱着宣传先进思想的想法,我们的报纸创刊了。

解析:

(1)两分句主语不同,第二句谓语"具有"的主语不是"山东大哥",应是

"这枚花瓶",不可以省略。

(2)两分句主语不同,前分句的主语应是"我们"而不是后分句的"我们的报纸",省略导致残缺。可以这样修改后面的句子,使前后句主语一致:我们创刊了自己的报纸。

2. 谓语残缺

表现一:中途易辙。

误例:

(1)我经过一晚上的苦战,100道题做完了。

(2)这次羽毛球邀请赛在新建的贺家山体育馆举行,参赛选手通过小组赛、复赛和决赛的激烈角逐,最后张碧江、郑丹婕分别获得了冠亚军。

解析:

(1)"我经过……"中,主语"我"缺谓语,应改为"做完了100道题"。

(2)这一句修改方法有二:一是将最后一句改为"最终分出了胜负";二是将中间一句中的"参赛选手"删掉。

表现二:句子太长,丢失谓语。

误例:以"书香传友谊、和谐共发展"为主题的首届中国东盟出版博览会集图书展销、出版论坛、版权贸易等形式于一体的出版盛宴。

解析:

应是"是一场……的出版盛宴"缺少谓语"是"。

表现三:宾语跟着动词短语,错将这一动词作为全句谓语。

误例:

(1)我们一定要学会学习,认真观察问题、分析问题的习惯。

(2)这些杂交玉米产量高,而且比外国进口玉米更高抗病虫害能力。

(3)我市三名青年,走上街头学雷锋活动。

解析:

(1)缺谓语"养成"。

(2)缺谓语"具有"。

(3)缺谓语"开展"

3. 宾语残缺

错因:一些带名词性宾语的动词,因句子长,丢掉相对应的宾语。

误例:

(1)省委省政府认真总结了造成落后状态的教训,明确树立起依靠科学技术,加快解决这一突出矛盾。

(2)李先生认为公司侵犯了自己的权利,将之诉至法院,要求停止侵害,并提出 3 万元人民币的经济索赔和 2000 元人民币的精神损害抚慰金。

(3)享有"东方古城堡"之美誉的福建客家土楼民宅,具有防匪防盗、防震防潮、冬暖夏凉、生活方便,虽历经百年风雨,至今仍巍然屹立。

(4)为满足与日俱增的客流运输要求,缓解地铁线路载客,近日广州地铁三号线再增加一列新车上线运营。

解析:

(1)谓语"树立"缺宾语"的思想"。

(2)谓语"并提出"缺宾语"的要求"。

(3)谓语"具有"缺宾语"的特点"。

(4)谓语"缓解"缺宾语"的压力"。

解题指导:

这类语病常见动词有:坚持、围绕、解决、开展、采用、扩大、提高、进行、具有、树立等。

能 力 训 练

给下列句子找出语病并作修改。

(1)(2011 年山东卷)朝鲜艺术家这次来华表演的歌剧《红楼梦》受到了中国观众的热烈欢迎,给予了很高的评价。

(2)(2014 年山东卷)近年来,随着房地产市场的发展和商品房价格的持续上涨,引起了有关部门的高度重视。

(3)(2013 年新课标卷)作者观察细致,一泓清潭,汩汩流水,朗朗歌声,都能激发他的灵感,都能从中找到抒情叙事的切入点。

(4)(2017 年新课标卷 Ⅱ)书法是我国优秀的传统文化,近年来在教育部门大力扶持下,使得中小学书法教育蓬勃发展,学生水平大幅提高。

(5)(2014 年新课标卷 Ⅱ)作为一名语文老师,他非常喜欢茅盾的小说,对茅盾的《子夜》曾反复阅读,一直被翻得破烂不堪,只好重新装订。

(6)新世纪以来,国家少儿出版社出版的图书连续十年两位数以上的增长。

(7)他的哲学理论不是从概念到概念的推演,更不靠引文连缀的支撑,而是从切身感受出发,从一些现实的具体的特殊的现象入手,让读者感染。

(8)(2013 年北京卷)日前,交通管理部门就媒体对酒驾事故的连续报道做出了积极回应,表示要进一步加大对交通违法行为的查处。

答案及解析:

(1)"给予"缺主语"观众"。

(2)"引起"缺主语,去掉"随着"。

(3)"都能从中找到"缺主语"他"。

(4)去掉"在……下"改为"教育部门的大力扶持"。

(5)"一直被翻得"缺主语"书"。

(6)"图书"缺谓语"保持",改为"保持……的增长"。

(7)缺谓语"受到",改为"让读者受到感染"。

(8)"加大"缺宾语"力度",在句末加上"力度"。

(二)成分赘余

成分赘余的一般表现:词语多余、表意重复。

误例:

(1)足坛领域腐败案件的发生,暴露了中国足球改革以来出现的管理体制等方面的问题。

(2)近日深圳一名年仅三十五岁的外企女白领突然猝死于深圳地铁的台阶上的有关报道,引发了人们对职场白领健康状况的关注。

(3)据说,当年徽州男人大多外出经商,家中皆是妇孺及孩童。

解析:

(1)"坛"本身就指文艺或体育界,与"领域"重复。

(2)"突然"与"猝"语义重复。

(3)"家中皆是妇孺及孩童",这里"妇孺"包括"孩童"。

解题指导:

(1)这类病句题,一般是局部词语重复,干扰信息多,整体结构一般无误。

复习过程要注意以下常见词:

涉及到、见诸于、万一若、并非是、目前的当务之急、非常酷爱、非常嗜好、过度酗酒、前来光顾、可以堪称、整个通宵、提前预支、留下遗毒、更弥足珍贵、多年的夙愿、许多莘莘学子、继续再接再厉、过分的溢美之词、心底发出肺腑之言、众目睽睽的注视之下、心里感到由衷的高兴、与去年同期相比、同比……、暂时充当一个临时的角色……

(2)表约数的词"大约""超过"后面,不可以再用"以上""左右"等词语。

能力训练

给下列句子找出语病并作修改。

(1)理论如果一旦为群众所掌握,就会成为巨大的物质力量。

（2）这次科考活动获取的材料很有价值，有助于对课题的深入研究。

（3）《清明上河图》对北宋的经济状况，包括资本主义的萌芽也有描写，同时也在揭示社会矛盾。我们从《清明上河图》所表现的民生不难看出，当时"两极分化，贫富悬殊很大"的状态。

（4）受雾霾天气影响，首都机场和天津滨海机场先后陆续有 30 多个出港航班被迫取消。

答案及解析：

（1）"一旦"的意思是"如果有一天"，语义重复，去掉"如果"。

（2）"于"是"对于"的意思，"对"的意思是"对于"，语义重复，应去掉"对"。

（3）"悬殊"就是"差别很大"，和"很大"一词重复，去掉"很大"。

（4）"先后""陆续"语义重复，去掉其中一个。

四、结构混乱类病句突破

结构混乱是指在语言表达中，不恰当地把两种或两种以上的句式杂糅在一起，致使句子语法结构混乱的病句。

误例：

（1）一个人能否健康成长，关键在于人生观起决定作用。

说法一：关键在于人生观。

说法二：人生观起决定作用。

（2）止咳祛痰片，它里面的主要成分是桔梗、贝母、氯化铵等配制而成。

说法一：主要成分是……。

说法二：由……配置而成。

（3）作为一个共产党员、党的领导干部，想问题办事情，都要从党和人民的根本利益为出发点。

说法一：从党和人民的根本利益出发。

说法二：以党和人民的根本利益为出发点。

（4）（2012 年北京卷）依据欧洲银行已完成的压力测试结果显示，各国接受测试的 91 家大小银行，只有 7 家未能符合规定的 6% 的一级资本比率。

说法一：依据……结果。

说法二：……的结果显示。

（5）（2017 年全国卷Ⅰ）根据本报和部分出版机构联合开展的调查显示，儿童的阅读启蒙集中在 1～2 岁，并且阅读时长是随着年龄的增长而增加的。

说法一:根据……调查。

说法二:……调查显示。

能力训练

给下列句子找出语病并作修改。

(1)(2010年天津卷)纪念馆分序厅、抗倭、抗英、抗法、抗日、尾厅六部分组成,充分显示了中华儿女自强不息的民族精神。

(2)(2010年深圳卷)最近相关部门对两个小区新装修住房进行空气质量检测,结果有一半住房甲醛超标,引发甲醛超标最主要的原因是居民不合适的装修造成的。

(3)(2010年山东卷)昨天上午,一位老人突然晕倒在购物中心,后经迅速赶到的120急救中心医护人员以及商场保安、在场群众的救护下,老人得到及时抢救,最终脱离了危险。

(4)(2015年四川卷)首届"书香之家"颁奖典礼,是设在杜甫草堂古色古香的仰止堂举行的,当时揭晓了书香家庭、书香校园的获奖名单。

(5)(2012年浙江卷)这本书精心选配了十多幅契合文意的图片与版式设计有机结合,为读者营造了一个极具文化魅力的立体阅读空间。

(6)(2014年新课标卷)本书首次将各民族文化广泛载入中国文学通史,但就章节设置、阐述深度等各方面依然有很大的改进空间。

答案及解析:

(1)去掉"组成"或者将"分"改为"由"。

(2)去掉"造成的"或者将末句改为"甲醛超标是由……造成的"。

(3)将"经"改为"在",或者将"下"去掉。

(4)去掉"是"和"举行的",或者去掉"设"。

(5)"契合文意的图片"后加逗号,"与版式设计"前加主语"这些图书"。本句属于两个意思的杂糅。

(6)"阐述深度等各方面"后加"而言",或者把"就章节设置"改为"在章节设置"。本句属于"在……方面"与"就……方面而言"的杂糅。

五、表意不明类病句突破

句子在特定语境里,应该有一个明确的意思,若产生多种理解,就是表意不明。表意不明有两种情况:歧义;指代不明。

1. 歧义

误例:

（1）参加会议的有两个学校的老师,王校长和几个学校的领导一起参加了座谈会。

（2）明天手术,开刀的是他父亲。

（3）我们的球队打败了他们得了冠军。

（4）我们学校涌现出一批年轻学科带头人。

（5）他背着总经理和副经理偷偷地把这笔钱存入另一家银行。

（6）美国对伊拉克的进攻是早有准备的。

（7）他是个好说话的人。

（8）你借给我的书,没用,给你放桌上了。

2.指代不明

误例:

（1）小明和小张久别重逢,异常亲切,他马上给他点上一支香烟。

（2）收集史料不容易,鉴定和运用史料更不容易,中国过去大部分史学家主要精力就用在这方面。

（3）（2014年山东卷）熟悉他的人都知道,生活中的他不像在银幕上那样,是个性格开朗外向、不拘小节的人。

解题指导:

表意不明的病句要注意这些方面:

①看代词:可能指代不明（如指代不明的误例3的"那样"）。

②看修饰成分:修饰局部、修饰全部（如歧义的误例1的"两个"）。

③看词性:"和"既可做连词又可做介词（如歧义的误例5）。

④看词义:有些词,一词多义造成歧义（如歧义的误例7的"好"、歧义的误例8的"没用"）。

⑤看停顿:停顿不同意义就不同,形成歧义（如歧义的误例3,可在"打败了"后停顿,也可在"他们"后停顿,但意义不同）。

能力训练

下列句子表意不明,找出并体会其不同意义。

（1）学术界一些学者认为曹雪芹有浓厚的门第等级观念的观点是值得商榷的。

（2）通过听专家报告,以及参加学校组织的研讨活动,家长们认识到不适当的管教孩子对孩子的成长不利。

（3）他在某杂志生活栏目上发表的那篇关于饮食习惯与健康的文章,批评的人很多。

（4）山上的水宝贵，我们把它留给晚上来的人喝。

（5）这部影片讲述了一个身患重病的工人的女儿自强不息、与命运抗争的故事，对青少年观众很有教育意义。

答案及解析：

（1）歧义一"值得商榷的"是学者的观点，歧义二"值得商榷的"是曹雪芹的观点。

（2）歧义一"不管教"，歧义二"管教不适当"。

（3）歧义一"文章中批评的人多"；歧义二"批评这篇文章的人很多"。

（4）"晚上来"有两个意义：其一"来得迟"，其二"晚上"来。

（5）歧义一，"身患重病的是工人"，歧义二，"身患重病的是工人的女儿"。

六、不合逻辑类病句突破

逻辑是指人的抽象思维，是通过概念、判断、推理来理解、区分客观世界的思维过程。不合逻辑的语病主要是概念、判断、推理这三个方面的错误。

1. 概念错误

误例：

（1）阳光从地平线上冉冉升起。（概念不清，应是"太阳"）

（2）社区服务中心为同学们准备了跳绳、羽毛球、拼图、棋类、卡拉 OK 等十九项体育活动。（分类不当，拼图、棋类、卡拉 OK 不属于体育活动）

（3）学生公寓的生活用品和床上用品由学生自主选购。（"生活用品""床上用品"是包含关系，这两概念不可并列）

2. 判断不当

误例：

（1）这个老人是地震死难者中幸免的一个。（"死难"与"幸免"矛盾）

（2）小明学习很努力，六门课平均 90 分以上。（"平均"与"以上"矛盾）

3. 推理不当

误例：

教室里全班同学都走了，只有小明还在埋头学习。

（"全班同学都走"的事实与"只有小明还在"的事实矛盾。）

4. 不合事理

误例：

清明时节，人们除了祭祖之外，往往要到山野中踏青赏花，这时，迎春花、野菊花、腊梅花迎着料峭的春风向人们招手。

（野菊花、腊梅花分别开在秋天、冬天，不是清明时节。）

能力训练

（1）（2014年江西卷）大庆石化总公司的老少职工们同台竞赛，年轻职工积极踊跃，老年职工更是不让须眉。

（2）（2014年湖北卷）截至去年底，中国铁路运营里程已突破10万公里，其中，高铁运营里程1万公里，在建规模1.2万公里，这使我国成为世界上高铁运营里程最长、在建规模最大的国家。

（3）（2015年湖北卷）近年来生态保护意识渐入人心，所以，当社会经济发展与林地保护管理发生冲突时，一些地方在权衡之后往往会选择前者。

答案解析：

（1）混淆概念。"须眉"代指"男子"，但"年轻职工"中有男有女。

（2）概念错误。"在建规模"不属于"中国铁路运营里程"。

（3）不合事理，前提是生态保护意识强了，结论却是选择经济发展，放弃林地保护，二者相矛盾。

整体解题技巧指导：

（1）语病题，首先是语感诊断，其次是语言标志诊断，最后是语法诊断。

（2）仔细分析近年的高考病句辨析题，不难发现不少病句有明显的标志词语，如果我们能迅速发现并关注这些特殊词语，很快就能找到辨析病句的捷径。比如介词开头可能淹没主语，多个词语并列可能造成不完全搭配或不合乎逻辑，另外如关联词语位置、双重否定词、两面词、数量词等，这些词语也一样常有固定形式的病句，如果掌握了高考病句的六大类型，那么是很容易发现问题的。

总之，病句类型不多，只要训练方法得当，练习经常化，勤于思考总结，解题能力自然能够提高。

第四课　真题突破练习

本课学习目标

通过本节真题的训练,进一步提高辨析修改病句的解题能力。

课时建议:1课时。

1. (2016年天津卷)下列各句中,没有语病的一句是(　　)

A. 日前,来自京津冀的近千名鸟类摄影爱好者相聚在北大港湿地,在与可爱的飞翔精灵亲密接触并拍摄了大量照片的同时,还无形中上了一堂爱鸟护鸟知识课。

B. "双创特区"以围绕聚集青年大学生、高校和科研院所科技人才、海外人才、企事业人员四类人才为重点,创新创业。

C. 这场专项整治行动是为规范互联网金融在迅速发展过程中的各种乱象,经过广泛征集意见,酝酿一年之久,形成最终方案。

D. 京剧是中国独有的表演艺术,它的审美情趣和艺术品位,是中国文化的形象代言之一,是世界艺术之林的奇葩。

2. (2016年山东卷)下列各句中,没有语病、句意明确的一项是(　　)

A. 从意外致残、生活无望到残奥会夺冠,并获得"中国青年五四奖章",他走出了一条不平凡的人生道路。

B. 该型飞机在运营成本上是其他同级别机型的1.3至2倍,优势明显;在商载、航程、航速等方面也极具竞争力。

C. 学校宿舍、教学楼等人群密集区,一旦发生火灾,后果不堪设想,因此学生掌握火灾中自救互救相当重要。

D. 央视《大国工匠》系列节目反响巨大,工匠们精益求精、无私奉献的精神引发了人们广泛而热烈的讨论和思考。

3. (2016年浙江卷)下列各句中,没有语病的一项是(　　)

A. 面对电商领域投诉激增的现状,政府管理部门和电商平台应及时联手,打击侵权和制售假冒伪劣商品,保护消费者的合法权益。

B. 自开展禁毒斗争以来,我国每年新发现的吸食海洛因人员增幅从2008年的13.7%降至2013年6.6%,近五年来戒断毒瘾三年以上人员已逾120万。

C. 在线教师时薪过万的消息自从引发社会关注后,每一个教育工作者都应意识到,如何与力量巨大的互联网相处正成为教育不得不直面的问题。

D. 英国皇家莎士比亚剧团艺术总监对昆曲《牡丹亭》华美的唱腔和演员娴熟的技巧惊叹不已,赞美昆曲精美绝伦的服装与简洁的舞台设计形成了奇妙的平衡。

4.(2015年新课标卷Ⅰ)下列各句中,没有语病的一句是(　　)

A. 为纪念抗日战争暨世界反法西斯战争胜利70周年,从现在起到年底,国家大剧院宣布将承办31场精心策划的演出。

B. 根据国家统计局发布的数据,4月份我国居民消费价格指数出现自去年12月以来的最大涨幅,但仍低于相关机构的预测。

C. 这部小说中的"边缘人"是一个玩世不恭、富有破坏性却真实坦白的群体,人们面对这类形象时会引起深深的思索。

D. 为进一步保障百姓餐桌安全,国家对施行已超过5年的《食品安全法》作了修订,因加大了惩处力度而被冠以"史上最严"的称号。

5.(2015年新课标卷Ⅱ)下列各句中,没有语病的一句是(　　)

A. "地坛书市"曾经是北京市民非常喜爱的一个文化品牌,去年更名为"北京书市"并落户朝阳公园后,依旧热情不减。

B. "丝绸之路经济带"横跨亚、非、欧三大洲,其形成与繁荣必将深刻影响世界政治、经济格局,促进全球的和平与发展。

C. 在那个民族独立和民族解放斗争风起云涌的时代,能激发人们的爱国热情是评判一部文学作品好坏的非常重要的标准。

D. 父亲住院期间,梅兰每天晚上都陪伴在他身旁,听他讲述一生中经历的种种苦难和幸福,她就算再忙再累,也不例外。

6.(2014年全国卷Ⅰ)下列各句中,没有语病的一句是(　　)

A. 作为古希腊哲学家,他在本体论问题的论述中充满着辩证法,因此被誉为"古代世界的黑格尔"。

B. 由此可见,当时的设计者们不仅希望该过程中艺术活动是富有创造性的,而且技术活动也是富有创造性的。

C. 本书首次将各民族文学广泛载入中国文学通史,但就其章节设置、阐释深度等方面依然有很大的改进空间。

D. 古代神话虽然玄幻瑰奇,但仍然来源于生活现实,曲折地反映了先民们征服自然、追求美好生活的愿望。

7.(2014年全国卷Ⅱ)下列各句中,没有语病的一句是(　　)

A. 他在新作《世界史》的前言中系统地阐述了世界是个不可分割的整体的观念,并将相关理论在该书的编撰中得到实施。

B. 作为一名语文老师，他非常喜欢茅盾的小说，对茅盾的《子夜》曾反复阅读，一直被翻得破烂不堪，只好重新装订。

C.《舌尖上的中国》这部风靡海内外的纪录片，用镜头展示烹饪技术，用美味包裹乡愁，给观众带来了心灵的震撼。

D. 如果我们能够看准时机，把握机会，那么今天所投资百万元带来的效益，恐怕是五年后投资千万元也比不上的。

8.（2014 年浙江卷）下列各句中，没有语病的一项是（　　　）

A. 一项好的政策照理会带来好的效果，但在现阶段，必须强化阳光操作、民主监督等制约措施，因为好经也要提防不被念歪。

B. 我国的改革在不断深化，那种什么事情都由政府包揽的现象正在改变，各种社会组织纷纷成立，这有利于社会矛盾和社会责任的分担。

C. 一个孩子学习绘画，即使基础不太好，但是如果老师能夸奖夸奖，哪怕给一个鼓励的微笑，他也会感到非常高兴，越画越有信心。

D. 执法部门对向未成年人出售、出租或以其他方式传播反动、淫秽、暴力、凶杀、封建迷信的图书报刊、音像制品，应依法从重处罚。

9.（2014 年广东卷）下列句子中，没有语病的一项是（　　　）

A. 一段时间以来，汉字书写大赛、非遗保护等文化现象引人注目，传统文化的重要性已越来越为国人所认知。

B. 此次《环境保护法》修订，历时两年，前后经过了多次审议，如今终于定稿，在环境优先于经济的原则上已达成一致并写入法律。

C. 贝母是一种多年生草本植物，因其鳞茎具有止咳化痰、清热散结的神奇功效，常常采集起来，加工成药材。

D. 马尔克斯的一生充满传奇色彩，他不仅是魔幻现实主义文学的集大成者以及拉美"文学爆炸"的先驱，还是记者、作家以及电影工作者。

10.（2014 年辽宁卷）下列各句中，没有语病的一句是（　　　）

A. 一切儿童文学作品都应该永远持着守护童年的立场，遵循儿童思维发展规律，富有丰富的想象力，充满爱与希望，传递古老传统中的善与美。

B. 在深化改革的关键阶段，我们是否能够保持积极的精神状态，关系到我省经济的长远发展，关系到全省人民的福祉，就必须防止"精神懈怠"。

C. 自从实施飞行员培训计划后，学员报名十分踊跃，有航空爱好者，有想开飞机节省时间的企业家，还有一些家长想给孩子增加一项实用技能。

D. 今年，辽宁农信继续推进"阳光信贷工程"，致力于为农户打造公开透明、规范高效的信贷绿色通道，切实解决广大农民"贷款难"的问题。

11.（2014 年山东卷）下列各句，没有语病、句意明确的一句是（　　　）

A.这次招聘,一半以上的应聘者曾多年担任外资企业的中高层管理岗位,有较丰富的管理经验。

B.我父亲是建筑学家,许多人以为我母亲后来进入建筑领域,是受我父亲影响,其实不是这样的。

C.熟悉他的人都知道,生活中的他不像在银幕上那样,是个性格开朗外向、不拘小节的人。

D.近年来,随着房地产市场的发展和商品房价格的持续上涨,引起了有关部门的高度重视。

12.(2014年四川卷)下列各句中,没有语病的一项是(　　)

A.城镇建设要充分体现"天人合一"理念,提高优秀传统文化特色,构建生态与文化保护体系,实现城镇与自然和谐发展。

B.金沙遗址博物馆的"太阳神鸟"金箔,是古蜀国黄金工艺辉煌成就的典型代表,以其精致和神秘展示了古蜀人的智慧与魅力。

C.全国规模最大的两栖爬行动物标本馆,已经收藏了10多万号标本,这些标本几乎覆盖了所有中国的两栖爬行动物种类。

D.音乐剧是19世纪末诞生的,它具有极富时代感的艺术形式和强烈的娱乐性,使它成为很多国家的观众都喜欢的表演艺术。

13.(2013年新课标卷Ⅰ)下列各句中,没有语病的一句是(　　)

A.对于传说中这类拥有异常可怕力量的动物,尚武的古代欧洲人的真实心态恐怕还是敬畏多于憎恶的。

B.杜绝过度治疗,除了加强宣传教育外,还要靠制度保障医疗机构正常运转,调控盲目扩张的逐利行为。

C.作者观察细致,一泓清潭、汩汩流水、朗朗歌声,都能激发他的灵感,都能从中找到抒情叙事的切入点。

D.过于重视教育功能,文学作品会出现理性捆绑感性,思想大于形象,甚至全无艺术性,变成干巴巴的说教。

14.(2013年新课标卷Ⅱ)下列各句中,没有语病的一句是(　　)

A.很多企业都认识到,为了应对消费需求和竞争格局的变化,必须把改进服务提到与研发新产品同等重要的位置上。

B.一般人常常忽略的生活小事,作者却能够慧眼独具,将之信手拈来,寻找其叙述的价值,成为小说的有机组成部分。

C.在90后的青少年中,科幻迷越来越多,这显示了科幻文化正在崛起,是对长久以来孩子们缺失的想象力的呼唤。

D.数字化时代,文字记录方式发生了重大变化,致使很多人提笔忘字,长此以往,将影响到汉字文化能否很好地传承。

15.(2012年新课标卷Ⅰ)下列各句中没有语病的一句是(　　)

　　A.凡事若不问青红皂白,把自己心中的愤怒发泄到臆想对象身上,很可能造成对毫不知情的或有恩于己的善良的人遭到伤害。

　　B.她的创新设计投入生产仅三个月,就为公司带来了丰厚的利润,为这项设计付出的所有努力和取得的成绩终于得到了回报。

　　C.哈佛燕京图书馆每年都有一次卖旧书的盛会,每次我都能在一堆堆五花八门的书里淘到如金子般珍贵的书,并因此而兴奋。

　　D.欧债危机爆发之后,欧洲现在面临的最大困境是如何解决失业问题,严峻的形势将巨大的挑战带给了欧洲各国的经济复苏。

16.(2012年全国大纲卷)下列各句中,没有语病的一句是(　　)

　　A.他在英语国家工作一年,不但进一步提高了英语交际能力,还参加过相关机构组织的阿拉伯语培训,掌握了阿拉伯语的基础应用。

　　B.建立监督机制非常重要,企业对制度的决策、出台、执行到取得成效的每个环节都纳入监督的范围,就能切实有效地增强执行力。

　　C.她对公益活动很有热情,并将这份热情带给了她所从事的产品策划和品牌推广工作中去,为公司树立良好的社会形象作出了贡献。

　　D.次贷危机引发的全球性金融危机带来的影响还在持续,随着经济全球化的日益深化,如何缓解就业压力已成为世界各国最大的难题。

17.(2011年新课标卷)下列各句中,没有病句的一句是(　　)

　　A.人才培养的质量是衡量一所大学办得好不好的重要因素,大力提升人才培养水平是高等教育改革发展的战略课题。

　　B.为了更好地提高服务质量,我们必须坚持以人为本,最大限度地为旅客创造和谐的候车环境、快乐的人性化服务。

　　C.这种感冒新药经过在北京、上海、南京、杭州、开封等地医院的400多个病例中临床试用,80%反映确实有疗效。

　　D.校庆在即,学校要求全体师生注重礼仪,热情待客,以带给从全国各地回母校参加庆祝活动的校友感到宾至如归。

答案及解析:

1.选A。B项"以围绕……为重点"句式杂糅,删去"围绕";C项搭配不当,"规范……乱象"不能搭配,改成"消除……乱象";D项中途易辙,"它的审美情趣和艺术品位"没接谓语,后面主语成了"京剧",改成"它具有很高的审美情趣和艺术品位"。

2.选A。B项"运营成本上是其他同级别机型的1.3至2倍"和"优势明显"前后矛盾,不合事理;C 项成份残缺,句中缺少与"掌握"相呼应的宾语中心词,可补上"方法""技能"之类词语;D 项搭配不当,"广泛而热烈的"只能和"讨论"搭配,而不能和"思考"搭配。

3.选 B。A 成分残缺,"打击"后面缺少宾语,应加"的行为";C 语序不当,应该把"自从"放到"在线教师"前面;D 项表意不明,"赞美昆曲"应该改为"赞美《牡丹亭》"。

4.选 B。A 语序不当。应为"国家大剧院宣布将精心策划并承办31 场演出"。C 结构混乱。应为"这类形象会引起人们深深的思索"。D 偷换主语。应为"此法被冠以'史上最严'的称号"。

5.选 B。A 偷换主语,在"依旧"前加"市民"。C.一面对两面,在"能"后加"否"。D."她就算再忙再累,也不例外"有歧义。

6.选 D。A 项搭配不当,"充满"与"辩证法"不相搭配。B 项语序不当,应把"希望该过程中"放到"不仅"之前;"技术活动"与"艺术活动"交换;C 项句式杂糅,"但就其……方面"句式杂糅,应改为"但其章节设置、阐释深度方面……"或"但就其……来说"。

7.选 C。解答病句辨识题,最基本也最常用的方法是分析句子结构。题中,A 句搭配不当。B 句偷换主语。D 句是句式杂糅。

8.选 C。A 项,重复累赘,"因为好经也要提防不被念歪"应改为"因为好经也要提防被念歪"。B 项,搭配不当,"这有利于社会矛盾和社会责任的分担"应改为"这有利于社会矛盾的化解和社会责任的分担"。D 项,成分残缺,"执法部门对向未成年人出售、出租或以其他方式传播反动、淫秽、暴力、凶杀、封建迷信的图书报刊、音像制品"一句的后面应该加上宾语"的人或单位"。

9.选 A。B 语序不当(不合逻辑)。正确语序应是:"达成一致"——"终于定稿"——"写入法律"。C 偷换主语。"采集"的主语应该是"人们",而"贝母"应该是"被(人们)采集起来……D 不合逻辑(语序不当)。"不仅……还"表递进关系,原句内容倒置,应该是"他不仅是记者、作家以及电影工作者,还是……先驱。"

10.选 D。A 项成份赘余。B 项两面对一面。C 项搭配不当,或结构混乱。

11.选 B。A 项,搭配不当,"担任……岗位"属于搭配不当,应是"担任……职务"。C 项,表意不明,"性格开朗外向……"到底是生活中的他还是银幕上的他,不明确;D 项,成分残缺,缺少主语,可去掉"随着"。

12.选 B。A 项搭配不当,"提高优秀传统文化特色"应改为"增强优秀传统文化特色",C项语序不当,"所有"应调到"中国"后。D项结构混乱,删去"使它"。

13.选A。B项搭配不当,把"调控"改为"制止"。C项结构混乱,前句主语是"一泓清潭,汩汩流水、朗朗歌声",而后句"都能……"的主语是作者,不可以省略。D项成分残缺,一是"文学作品"后缺教学,二是"思想大于形象"后缺"的现象"。

14.选A。B项成分残缺,应改为"使之成为小说的……"。C项主语残缺,"对长久以来孩子们缺失的想象力的呼唤"的主语是"科幻文化正在崛起",去掉"这显示了"。D项两面对一面,去掉"能否"。

15.选C。A项语序不当,把"造成"放到"伤害"前,去掉"遭到"。B项不合逻辑,删掉"和取得的成绩"。D项最后一句改为"严峻的形势将巨大的挑战带给了欧洲各国"或"严峻的形势给欧洲各国经济复苏带来巨大挑战。"

16.选C。A项"不但……还……"联结的内容无关联性且这组关联词一般表递进关系,而本例中"还"后面的内容与"他在英语国家工作"无直接关系,"掌握……应用"搭配不当。B项制度的决策、出台、执行应为酝酿、出台、执行。D项经济全球化的日益深化与就业压力无关联。

17.选A。B项并列词语搭配不当,应为"提供快乐的人性化服务"。C项介词错误,"经过"改为"通过";主谓搭配不当,在"80%"后加"的患者"。D项结构混乱,改为"以带给从全国各地回母校参加庆祝活动的校友宾至如归的感觉"或者"让从全国各地回母校参加庆祝活动的校友感到宾至如归"。

第三单元　语言组织与应用

　　语言是人类用以表达思想,进行交流的最基本的工具。人与人之间的交流与沟通有许多种途径,其中言语活动是使用最广泛的一种。言语的表达有口头表达和书面表达两种形式。因为口语表达能力可以通过书面表达能力的测试比较准确、客观地反映出来,所以,言语表达能力测试,主要测试应试者的书面表达能力,其重点是考查应试者言语表达的规范性、言语表达的准确性与完整性等方面的能力。

第一课　高考真题解析

本课学习目标

　　1.通过考纲解读和真题分析,弄清句式、修辞、语言表达等考查的基本题型,明确备考重点。
　　2.通过真题解析指导,掌握"选用、仿用、变换句式""常见修辞""语言表达"类题目的答题方法。
　　课时建议:1课时。

一、考纲呈现

　　1.选用、仿用、变换句式,扩展语句,压缩语段
　　2.正确使用常见的修辞手法
　　常见修辞手法:比喻、比拟、借代、夸张、对偶、排比、反复、设问、反问。
　　3.语言表达简明、连贯、得体,准确、鲜明、生动

二、考纲解读

　　语言文字应用作为高考语文的重要考查内容,总是在稳中求变的原则下命题,题目类型和命题角度都相对稳定。以下三方面近年来均未纳入考查范围。

1.识记现代汉语常用字的字音,识记并正确书写现代常用规范汉字,这两个考查项目,全国卷连续五年不设考题,所以暂不做专题复习。教材梳理只需做好基础巩固。

2.扩展语句是对语言能力的综合考查,要求运用丰富的想象和联想将几个看似毫不相关的词语或一个比较简短的语句,连缀或扩展成一个较长的语句或语段,使之内容充实而丰富。主要考查学生的想象能力、修辞运用能力、分析概括能力、语言组织表达能力等。

3.压缩语段是要求考生按照命题者所给出的文段,在理解的基础上,对文段的主要信息进行筛选、提取,最终按照题目要求概括表达出来。

还有,修辞手法的运用、对联知识的考查、标点符号的使用等也没有单独专门设题考查。

在复习备考时,应着重就"正确使用词语(包括熟语)""辨析并修改病句""语言表达简明、连贯、得体,准确、鲜明、生动"和"仿写句子"等进行能力训练。

语言文字运用教学,要以语言积累为基础,强调"正确、熟练、有效",练习设计要注重实践性和典型性。

三、考点分析

试　卷	题　型	考查内容	题干设置
2018 年全国卷Ⅰ、Ⅱ、Ⅲ	选择题(4选1)语境、逻辑关系辨析:"考活思维"导向(句间逻辑关系、所填语句位置、合理推导、规范表达等语言综合能力)	补写句子(简明、连贯、准确、鲜明、生动等)	下列在文中括号内补写的语句,最恰当的一项是(　　)
2018 年全国卷Ⅰ、Ⅱ	语体,就是人们在各种社会活动领域,针对不同对象、不同环境,使用语言进行交际时所形成的常用词汇、句式结构、修辞手法等一系列运用语言。语体分为口头语体和书面语体两类	语体修改(语体分为口头语体和书面语体两类,仍然考查简明、连贯、得体、准确、鲜明、生动等)	(卷1)下面是某校一则启事初稿的片段,其中有五处不合书面语体的要求,请找出并作修改。(卷2)下面是某报社一则启事初稿的片段,其中有五处词语使用不当,请找出并作修改。要求修改后语意准确,语体风格一致

试 卷	题 型	考查内容	题干设置
2018 年全国卷 II	材料:三句话,每句三个关键词;特点:三个词具有同一精神属性;句式:与例句严格保持一致;效果:形成排比语段,极有气势	仿句	仿照下面的示例,利用所给材料续写三句话,要求内容贴切,句式与所给示例相同
2018 年全国卷 III	语境辨析:内部语境(上下文),外部语境(时间、地点、场合、对象、目的、话题、语言的感情色彩等)	得体(语体考查的一种)	下面是一封信的主要内容,其中有五处不得体,请找出并作修改
2017 年全国卷 I、II、III	语境辨析:内部语境(上下文),外部语境(时间、地点、场合、对象、目的、话题、语言的感情色彩等)	得体	下列各句中,表达得体的一句是( )
2017 年全国卷 I、II、III	语境、逻辑关系辨析:"考活思维"导向(句间逻辑关系、所填语句位置、合理推导、规范表达等语言综合能力)	补写句子(简明、连贯、准确、鲜明、生动等)	在下面一段文字横线处补写恰当的语句,使整段文字语意连贯,内容贴切,逻辑严密,字数要求(15字左右)
2017 年全国卷 I、II、III	句间逻辑推断能力、表达能力:推断内容、表达方式	推断	下面文段有三处推断存在问题,请参照①的方式,说明另外两处问题
2016 年全国卷 I、II、III	语境、逻辑关系辨析:"考活思维"导向(句间逻辑关系、所填语句位置、合理推导、规范表达等语言综合能力)	补写句子(简明、连贯、准确、鲜明、生动等)	在下面一段文字横线处补写恰当的语句,使整段文字语意连贯,内容贴切,逻辑严密,字数要求(15字左右)

试　卷	题　型	考查内容	题干设置
2016 年全国卷Ⅰ、Ⅱ、Ⅲ	表达能力、思维能力(语句的衔接、句序的排列、词语的排列、用语的场合、对象等)	构思框架转换成文字(简明、连贯、准确、鲜明、生动等)	下面是某中学某项活动或工作的构思框架,请把这个构思写成一段话,要求内容完整、得当,表达准确,语言连贯,不超过85字
2015 年全国卷Ⅰ、Ⅱ	语意、语境辨析	语句选择(句子衔接)	填入下面一段文字横线处的语句,最恰当的一句是
2015 年全国卷Ⅰ、Ⅱ	语境、逻辑关系辨析:"考活思维"导向(句间逻辑关系、所填语句位置、合理推导、规范表达等语言综合能力)	补写句子(简明、连贯、准确、鲜明、生动等)	在下面一段文字横线处补写语句恰当的语句,使整段文字语意完整连贯,内容贴切,逻辑严密,字数要求(15 字左右)
2014 年全国卷Ⅰ、Ⅱ	句子逻辑顺序(事情发展顺序、时间先后、空间推移、总分结构等)	语句选择(句组衔接)	依次填入下面一段文字横线处的语句,衔接最恰当的一组是
2014 年全国卷Ⅰ、Ⅱ	语境、逻辑关系辨析:"考活思维"导向(句间逻辑关系、所填语句位置、合理推导、规范表达等语言综合能力)	补写句子(简明、连贯、准确、鲜明、生动等)	在下面一段文字横线处补写语句恰当的语句,使整段文字语意完整连贯,内容贴切,逻辑严密,字数要求(15 字左右)
2014 年全国卷Ⅰ、Ⅱ	表达能力、思维能力(语句的衔接、句序的排列、词语的排列、用语的场合、对象等)	构思框架转换成文字(简明、连贯、准确、鲜明、生动等)	下面是某中学某项活动或工作的构思框架,请把这个构思写成一段话,要求内容完整,表达准确,语言连贯,不超过 75 个字

续表

试　卷	题　型	考查内容	题干设置
2013 年全国卷 I、II	句子逻辑顺序(事情发展顺序、时间先后、空间推移、总分结构等)	语句选择(句组衔接)	依次填入下面一段文字横线处的语句,衔接最恰当的一组是
2013 年全国卷 I、II	语境、逻辑关系辨析:"考活思维"导向(句间逻辑关系、所填语句位置、合理推导、规范表达等语言综合能力)	补写句子(简明、连贯、准确、鲜明、生动等)	在下面一段文字横线处补写恰当的语句,使整段文字语意完整连贯,内容贴切,逻辑严密,字数要求(10 字左右)

四、考情说明

1. 近五年的考查内容:全国新课标的考查主要以语句选择、补写句子为主,2018 年去掉了逻辑推断题,在语言得体的基础上,增加了语体考查和仿写句子。2017 年去掉了语句选择、图文转换,考查得体、补写句子和推断,连续五年没有考扩句、缩句,没有选用、仿用、变换句式,修辞。

考查点涉及:语言表达简明、连贯、得体,准确、简明、生动,语体风格、仿写句子等。

2. 题型:2017 年以逻辑关系、语意语境辨析为主。2018 年以补写句子、仿写句子、语体风格和语言得体为主。

3. 题干设置:2017 年语句选择以选恰当的一句、一组为主,补写句子以三句为主,得体以选择正确的为主,推断三处有问题,请参照①的方式,说明另外两处问题。2018 年补写句子以选择题型出现(4 选 1),语体风格、语言得体都是以找出问题并修改形式出现,仿写句子以选择关键词、找出共性特征、句式要求、顺带连排比修辞一起考查的形式为主,体现学生语言能力和综合素质考查。

4. 语言表达简明、连贯、得体,准确、鲜明、生动等考查力度加大,2017 年的新增题型给我们一个方向性指导。2018 年去掉逻辑推理,但语言综合表达、运用能力的考查难度加大。

5. 2017 年、2018 年高考命题在命题理念、考试内容、试题设计等方面都有所改变。其中,给我们透漏出两个信息。

第一,高考命题要增强基础性,考查学生必备知识和关键能力。

第二,高考命题要增强综合性,体现学生综合素质和学科素养。

附:2018 年各省市语言文字运用题考查内容

北京卷

23.微写作(10 分)

从下面三个题目中任选一题,按要求作答。

①在《红岩》《边城》《老人与海》中,至少选择一部作品,用一组排比比喻句抒写你从中获得的教益。要求:至少写三句,每一句中都有比喻。120字左右。

②从《红楼梦》《呐喊》《平凡的世界》中选择一个既可悲又可叹的人物,简述这个人物形象。要求:符合原著故事情节。150~200 字。

③读了《论语》,在孔子的众弟子之中,你喜欢颜回,还是曾参,或者其他哪位?请选择一位,为他写一段评语。要求:符合人物特征。150~200 字。

天津卷

20.阅读下面的漫画,按要求作答。(6 分)

鲁迅提过,"要极省俭的画出一个人的特点,最好是画他的眼睛",丰子恺的漫画《村学校的音乐课》却没有画人的眼睛。你觉得二者矛盾吗?请结合画面说明理由。

21.中学生刘星写给天津滨海新区文化中心图书馆馆长的电子邮件,在语言、逻辑等方面存在若干问题。请找出四个有问题的词或句子,写在答题卡上。(4 分)

浙江卷

5.在下面一段文字横线处补写恰当的语句,使整段文字语意完整连贯,内容贴切,逻辑严密。每处不超过 15 个字。(3 分)

6.阅读下面的文字,完成题目。(6 分)

(1)用一句话归纳上述消息的主要内容。不超过 30 个字。(2 分)

(2)针对上述消息所反映的社会现象,写一段评述性文字。不超过 80个字。(4 分)

江苏卷

2.在下面一段文字横线处填入语句,衔接最恰当的一项是(3 分)

3.下列诗句与所描绘的古代体育活动,对应全部正确的一项是(3 分)

4.对下面一段文字主要意思的提炼,最准确的一项是(3 分)

5.下列选项中,对右图漫画寓意的理解最贴切的一项是(3 分)

(一)2018 年全国卷Ⅰ真题

1.阅读下面的文字,完成下列问题。(3 分)

"大洋一号"是中国第一艘现代化的综合性远洋科学考察船,自 1995 年以来,这艘船经历了大洋矿产资源研究开发专项的多个远洋调查航次和大陆架勘查多个航次的任务。今年,它又完成了历时 45 天、航程 6208 海里的综合海试任务。对不熟悉的人而言,(　　)在这里,重力和 ADCP 实验室,磁力实验空、地震实验室、综合电子实验室、地质实验室、生物基因实验空、深拖和超短实验室等各种实验室_____分布在第三、四层船舱。由于船上配备了很多先进设备,人不用下水就能进行海底勘探,比如,深海可视采样系统可以将海底微地形地貌图像传到科学考察船上,犹如有了千里眼,海底世界可以_____,并可根据需要_____地抓取矿物样品和采集海底水样;深海浅层岩芯取样钻机可以在深海底比较坚硬的岩石上钻取岩芯。"大洋一号"的远航活动,与郑和下西洋相呼应。600 年前,伟大的航海家郑和七下西洋,在世界航海史上留下了光辉的一页,600 年后,"大洋一号"不断进步,_____,在《联合国海洋法公约》的法律框架下,探索海洋奥秘,开发海洋资源,以实际行动为人类和平利用海洋作出了中国人民的贡献。

下列在文中括号内补写的语句,最恰当的一项是(　　)。

A.大洋一号"的实验室很多,就像迷宫一样

B."大洋一号"有十几个像迷宫一样的实验室

C.走进"大洋一号",犹如进入了一座迷宫

D.进入迷宫一样的"大洋一号",会分辨不出方向

答案及解析:选 C。A、B 项句意只启下,不承上;D 项前一句有承上作用,下一句引导让读者陷入误区;根据上下文语境,上文"对不熟悉的人而言",下面一定得给不熟悉的人一个具体形象的认知介绍,C 项能够给人完整的、具体的、形象的宏观感性认识。根据下文"在这里,重力和 ADCP 实验室,磁力实验室、地震实验室、综合电子实验室、地质实验室、生物基因实验室、深拖和超短实验室等各种实验室"就是对关键信息"迷宫"的具体介绍。

2.下面是某校一则启事初稿的片段,其中有五处不合书面语体的要求,请找出并作修改。(5 分)

我校学生宿舍下水道时常堵住。后勤处认真调查了原因,发现管子陈旧,需要换掉。学校打算 7 月 15 日开始施工。施工期间正遇上暑假,为安全起见,请全体学生暑假期间不要在校住宿。望大家配合。

答案及解析：

"堵住"改为"堵塞"；"管子"改为"管道"；"换掉"改为"更换"；"打算"改为"计划"；"正遇上"改为"正值"。

"堵住"主语是人，后面应该有宾语；"堵塞"主语一般为"管道""下水道"等，可以用作主动，也可以用作被动。"管子"细长、中空而成圆筒形的东西；"管道"用钢材或其他材料制成管子，在工业上、交通运输上或建筑上，是用来输送或排放石油、煤气、天然气、水、水蒸气等的管路。"换掉"以旧换新，旧的丢弃扔掉；"更换"，变换、替换，用更好的替换。"打算"一种粗线条的、其想法不太成熟的非正式计划，内容范围不大且考虑近期要做的；"计划"工作或行动以前预先拟定的具体内容和步骤。"正遇上"正碰上、正撞上带有偶然性；"正值"适逢，正到什么时候。通过辨析词义，语段中的词不合语境，不合生活逻辑。

(二)2018年全国卷Ⅱ真题

1.阅读下面的文字，完成下列问题。(3分)

戏曲既需要传承也需要创新，这是业内的基本共识。然而，近年来由于一些创新尝试未收到理想效果，有人就将创新和继承对立起来，认为戏曲不必创新。尤其是昆曲等戏曲艺术进入世界非物质文化遗产名录之后，创新在某些人那里几乎成了贬义词。(　　)。随着时代的发展变化，戏曲艺术不断被赋予新的内涵。如果一直固守原有形态，只强调复制和模仿，戏曲恐怕早在数百年前就_____了。突破前人、大胆创新，这是各个时代取得伟大成就的艺术家的共性。诚如某戏剧评论家所言，没有一位_____的京剧名伶是靠模仿或重复而成就自己的。京剧大师梅兰芳，以坚定的信念和博大的胸怀为京剧改革作出巨大贡献。他眼界开阔，_____，除唱腔、表演技巧之外，还从化妆、灯光、服装、舞蹈、剧目创作等多个方面进行了大量的探索，可谓"剧剧有创新，剧剧有新腔"。尚小云、荀慧生、于连泉等人，也是因为具有超越前人的理想和切实的努力，不满足于停留在雷池之内_____，才能够在强大的保守情绪的笼罩下突破藩篱，从而成为新流派的创始人。当然，戏曲的创新必须以传承为基础，是传承中的创新，而不是眼花缭乱甚至任性妄为的创新，才能探索出一条能够被大多数观众接受的创新之路来。

下列在括号内补写的语句，最恰当的一项是(　　)。

A.当代戏曲的发展，被创新精神的缺失所制约。

B.当代戏曲的发展，因创新精神的缺失而被制约。

C.创新精神的缺失，制约了当代戏曲的发展。

D.创新精神的缺失,对当代戏曲发展起了制约作用。

答案及解析:选 C。

A、B 项虽然句式不同,但内容只能承上不能启下;D 项的句意是总结前文,不开启下文。C 根据上下文语境,"创新精神的缺失"是对上文戏曲发展萎靡现状的总结和承接;"制约了当代戏曲的发展"是对下文内容的开启,所以 C 项是一个承上启下的句子,起过渡作用。

2.下面是某报社一则启事初稿的片段,其中有五处词语使用不当,请找出并作修改。要求修改后语意准确,语体风格一致。(5 分)

如果您是重大事件的参加者,事故现场的目击者,业界内幕的打探者,社会热点的关爱者……请与我报"社会深度"栏目联系。本栏目长期公开征询有价值的新闻线索,等着您的支持。

答案及解析:

"参加者"改为"亲历者"或者"参与者";"打探者"改为"知情者";"关爱者"改为"关注者";"征询"改为"征集";"等着"改为"期待"或者"等待"。

"参加"着重于对预定目标进行某种动作;"参与"侧重于跟某种事有关联;"亲历"亲身经历。"打探"打听、探听;"知情"了解有关重大事件情况细节。"关爱"关心、爱护;"关注"关心重视,用实际行动或用心去对待某人某事。"征询"征求询问;"征集"用公告或口头询问的方式收集。"等着"等待着;"期待"期望等待;"等待"不采取行动,直到所期望的人、事物、情况出现。通过释义,前面四个词语词义不合语境、不合生活和表达逻辑;最后一个是口语和书面语的区别,语体不合。

3.仿照下面的示例,利用所给材料续写三句话,要求内容贴切,句式与所给示例相同。(6 分)

诸子争鸣、造纸印刷、筑长城开运河,中国人民具有伟大的创造精神。

材料:

奋斗	团结	梦想
建强国谋复兴	御外侮卫家国	脱贫困奔小康
垦田拓海	开天辟地	守望相助
抗灾治水	逐日奔月	同舟共济

答案及解析:

垦田拓海、抗灾治水、脱贫困奔小康,中国人民具有伟大的奋斗精神;同舟共济、守望相助、御外侮卫家国,中国人民具有伟大的团结精神;开天辟地、逐日奔月、建强国谋复兴,中国人民具有自强不息的精神。

审题和做题步骤:研究例句,选词语3个,四字、四字、六字,根据相同精神特性,概括出精神;句间关系,并列词语加总结句;严格遵循例句形式和句子内涵,3个句子与原例句构成排比,整齐富有气势。

(三)2018年全国卷Ⅲ真题

1.阅读下面的文字,完成下列问题。(3分)

除了人会为了理想奔波迁徙以外,很多动物也有着自己的迁徙盛举,冬季来临,天气寒冷,食物短缺,很多动物选择集体逃离,待到春暖花开、万物复苏再一起回来。动物迁徙是有确定路线的。它们对驻地有着自己的坚守和执着,而不是_____。对于动物究竟如何确定自己的迁徙路线,科学家一直都充满好奇。有科学家认为,迁徙动物都有独特的"助航设施",它们通过海岸线等作为参照,利用特殊的嗅觉和听觉等获得方向,也有科学家认为,迁徙动物身体中存在磁受体,可以感应地球磁场,它们有自己的生物指南针,更有趣的是,又有科学家发现即使是室内饲养的,从未接触过其他同伴的年轻乌鸦,也会沿着祖辈飞过的路线进行迁徙,也就是说,(   ),它们天生就知道去哪里寻找温暖的地方过冬。到目前为止,关于动物迁徙路线确定的问题,科学家仍在_____进行探究,我们期待着更加_____的故事出现。

下列在文中括号内补写的语句,最恰当的一项是(   )。

A.迁徙的方向感已经被上一代遗传给它们

B.它们已经从上一代遗传了迁徙的方向感

C.迁徙的方向感已经由上一代遗传给它们

D.上一代已经遗传给了它们迁徙的方向感

答案及解析:选C。

A项虽表被动,但"被"字句破坏了遗传诱因,不合语境;B项主语和下一句一致,有啰嗦累赘之感;D项主语"上一代",直接破坏语境统一;C项也表被动,但清晰表明遗传诱因,同时强调主语"迁徙的方向感",承上启下,使整个句意完整,语境切合。

2.下面是一封信的主要内容,其中有五处不得体,请找出并作修改。(5分)

获悉文学院下周举办活动,隆重庆贺先生教书50周年,我因俗务缠身,不能光临,特惠赠鲜花一束,以表敬意。随信寄去近期出版的拙著一册,还望先生先睹为快。

盛夏快来了,请先生保重身体。

答案及解析:

"教书"改为"从教";"光临"改为"前往"或者"参加";"惠赠"改为"奉上"或者"奉送"或者"敬赠";"先睹为快"改为"指正"或者"斧正";"快来了"改为"将至"或者"将临"。

"教书"动宾短语;"从教"动词短语。"光临"表敬称,欢迎对方到来;"前往"前去参加。"惠赠"表敬称,对对方赠与的东西表示敬意;"奉上""奉送""敬赠"以谦逊的态度表示敬意。"先睹为快"中性词,无谦敬意;"指正""斧正"对对方的修改表示感激敬意。"快来了"口语话;"将至""将临"书面语,文雅。通过释义,区分词语色彩、辨别得体、体会语体等,本语段考查词语褒贬,语言表达得体,语体风格一致等内容,审题时,注意区分和体会。

第二课　解题知识储备

本课学习目标

1.从对象、场合、语体、目的等方面把握用语得体的精细之处,积累常见得体用词。

2.掌握逻辑推理的一般知识。

3.熟悉常见句式的表达效果和修辞手法的特点。

4.熟悉常见应用文文体格式,学会修改。

课时建议:每一部分1课时,共5课时。

一、得体知识

请看几个句子:

(1)听闻家严近日仙逝,希望你节哀顺变!("仙逝""节哀"均符合场合、语体要求,但"家严"弄错了对象)

(2)小高对老师说:"您的讲话稿有几句好像不大顺畅,我斗胆作了斧正,您再看看。"("斗胆"可用,"斧正"谦敬失当)

(3)寻物启事:昨天我在操场遗失钥匙一串,拾到者请从速交还。("从速交还"语气生硬,不合"寻物"目的)

(一)识别得体

"得体"就是语言表达符合具体的情境、对象、语体,要求分清不同场合、不同时间、不同身份、不同对象、不同目的,选用恰当的语句来表情达意。

语言得体的重点是分清语体色彩（文学类、实用类和口语类）、感情色彩（褒义、贬义和中性）及主客体角度（谦辞敬辞）。

1. 区别对象

同一个意思对不同的人应有不同的说法，用语充分考虑对方的性别、年龄、职业、身份、文化程度、性格、爱好，甚至"禁忌"。"家大舍小令他人"是表达谦敬的习惯用法：对别人称自己的长辈和年长的平辈时冠以"家"，如家父（家严）、家母（家慈）、家兄等；对别人称比自己小的家人时冠以"舍"，如舍弟、舍妹、舍侄等；称别人家中的人，冠以"令"表示敬重，如令堂、令尊、令郎、令爱等。

2. 注意场合

一般来说，庄重场合，用语要规范雅正，多用书面语；公共场合，用语要自然亲切、简明准确，偏重口语；娱乐场合，用语可以轻松活泼、快乐幽默；与人谈心，要真诚亲切，避用外交辞令。

3. 分清语体

不同的文体有不同的语体特征。文艺语体有形象性，科学语体有准确性和严密性，政论语体有逻辑性和鼓动性，公文讲究格式化和简明性。实用类文体常常对用语有特定要求：新闻要求简明扼要、概括性强，广播稿解说词要求明白流畅、口语化，合同要求措辞严密、表达清晰，贺词要求热情庄重。

4. 明确目的

同一内容，因表达目的不同，内容取舍和侧重点应有不同，用词和句式也应各异。比如，同样介绍一个儿童手表电话，寻物启事和产品说明书的说法肯定不同。

5. 转述得体

转述就是对信息进行转达。转述（即"请人代转"）和面陈（即"自己当面陈述"）是两种不同的表达方式。后者简单一些。而转述涉及第三人，因叙述角度变化而形成了新的沟通，时间、地点、称代等因素也要随之作相应的变化。

（二）常用语言得体用词

1. 古代的生活雅语

请人原谅说"包涵"	求人帮忙说"劳驾"
向人提问说"请教"	得人惠顾说"借光"
归还物品说"奉还"	未及迎接说"失迎"
需要考虑说"斟酌"	请人勿送说"留步"

对方到场说"光临"　　接受好意说"领情"
得人帮助说"谢谢"　　祝人健康说"保重"
向人祝贺说"恭喜"　　老人年龄说"高寿"
身体不适说"欠安"　　自己住家说"寒舍"
女士年龄称"芳龄"　　称人女儿为"千金"
送礼给人说"笑纳"　　送人照片说"惠存"
与人相见说"您好"　　问人姓氏说"贵姓"
问人住址说"府上"　　请改文章说"斧正"
求人指点说"赐教"　　欢迎购买说"惠顾"
希望照顾说"关照"　　请人赴约说"赏光"
对方来信说"惠书"　　无法满足说"抱歉"
请人协助说"费心"　　言行不妥"对不起"
慰问他人说"辛苦"　　迎接客人说"欢迎"
宾客来到说"光临"　　等候别人说"恭候"
麻烦别人说"打扰"　　客人入座说"请坐"
陪伴朋友说"奉陪"　　中途先走说"失陪"
送人远行说"平安"　　请人决定说"钧裁"
接受教益说"领教"　　谢人爱意说"错爱"
受人夸奖说"过奖"　　交友结亲说"高攀"
书信结尾说"敬礼"　　问候教师说"教祺"
致意编辑说"编安"　　初次见面说"久仰"
长期未见说"久违"　　向人询问说"请问"
请人解答说"请教"　　求人办事说"拜托"
称人夫妇为"伉俪"　　尊称老师为"恩师"
称人学生说"高足"　　平辈年龄问"贵庚"

2."别"之雅语

分手辞别曰"告别"　　握手告辞曰"握别"
拱手辞别曰"揖别"　　挥手告辞曰"挥别"
亲吻离去曰"吻别"　　叩拜辞行曰"拜别"
设宴送行曰"饯别"　　致谢告辞曰"谢别"
临别赠礼曰"赠别"　　离别留言曰"留别"
前往送行曰"送别"　　丢开离去曰"抛别"
不愿分别曰"惜别""恋别"
长久分别曰"阔别""长别"

永久分别曰"永别""诀别"

3."笔"之雅语

开始写作叫"动笔"　　　　　　提笔撰文和作画叫"命笔"

轻松自如的文字叫"逸笔"　　　　写作过程的中断叫"辍笔"

文章臃肿的文字叫"赘笔"　　　　个人亲自动手写叫"亲笔"

对上写信的谦称叫"谨笔"　　　　本人口授他人写叫"代笔"

对下写信的谦称叫"草笔"　　　　文章韵味风格叫"文笔"

皇帝书写的文字叫"御笔"　　　　读后感写的文字叫"随笔"

与题旨无关的话叫"闲笔"　　　　结束后补充文字的话叫"余笔"

细致的文字绘画叫"工笔"　　　　请人书画的稿酬叫"润笔"

无聊庸俗的文字叫"歪笔"　　　　动手拟订集体名义的文稿叫"执笔"

文章写得好的地方叫"妙笔"　　　练习性的写作叫"练笔"

愉快地作文或作画叫"欣然命笔"　好的文章或语句叫"成功之笔"

在前段文章中为后段文章埋伏的线索叫"伏笔"

4. 中国古代其他谦词敬词雅语

台安、台祺、台绥:您安好、吉祥、平安。

钧谕:书信中称尊长所说的话,还有钧裁、钧安等。

玉成:成全。例,深望玉成此事。

玉体、玉音:指对方身体或言行。

违教:指离开某人后未见面(多用于书信)。

雅教:称对方对自己的指教;拜教:恭敬地接受教诲。

昆玉:对别人弟兄的敬称。

潭府:尊称他人的宅第。

惠鉴、钧鉴、雅鉴、台鉴、台览:请您审阅、审查、指教。

谨悉:恭敬地知道;谨启:恭敬地陈述。

兹有:现在有;顷按、顷奉:刚刚接到;奉箴:接到来信。

鉴于:考虑到;本拟:本来打算。

迳与:直接地同;赓即:接着,立即。

不日:不久,不多天;不时:随时。

歉难:因不能满足对方的要求而表示歉意。

孔殷:十分急切。

鉴宥:请原谅。

瑕疵:微小的弱点。

为荷、是荷:接受你的恩惠(如复函为荷)。

寒门:称自己贫寒的家庭;寒舍:谦辞,称自己的家。

惠纳、笑纳:接受。

时祉、近祉:现在幸福、近来蛮不错。

商安、教祺:经商、教书安好。

卫冕:指竞赛中保住上次获得的冠军称号。

借光:客套话,用于请别人给自己方便或向人询问。

借重:指借用其他人的力量,多用做敬辞。

金婚:欧洲风俗称结婚五十周年。

金兰:可用做结拜为兄弟姐妹的代称,如"义结金兰"。

问鼎:指谋图夺取政权(中性词)。

劳步:敬辞,用于谢别人来访。

蒙尘:(书)蒙受灰尘(指君主因战乱逃亡在外)。

名讳:旧时指尊长或所尊敬的人的名字。

内眷:指女眷;内人:对别人称自己的妻子。

赏脸:客套话,用于请对方接受自己的要求或赠品。

泰山、泰水:岳父、岳母。

托福:客套话,依赖别人的福气使自己幸运。

当轴:旧时指政府领导者。

丁忧:遭到父母的丧事。

鼎力:敬辞,大力(表示请托或感谢时用)。

斗胆:形容大胆(多用作谦词)。

独夫:残暴无道为人民所憎恨的统治者。

方家:"大方之家"的简称,多指精通某种学问、艺术的人。

父执:父亲的朋友。

付梓:把稿件交付刊印。

股肱:比喻左右辅助得力的人(书)。

归天、归西:婉辞,人死之称;归省:(书)回家省亲。

海涵:敬辞,大度包容(多用于请人特别原谅时)。

候光:敬辞,等候光临;候教:敬辞,等候指教。

后学:后进的学者或读书人,多用作谦辞。

麾下:将帅的部下,也作敬辞,称将帅。

刍荛(chú ráo,割草打柴的人)之见:称自己浅陋的看法。

过奖、过誉:用于自己受到表扬或夸奖。

马齿徒增:称自己白白增长年岁。

涂鸦:称自己字写得不好或画画得不好。

割爱:放弃心爱的东西(婉辞)。

割席:指与朋友绝交(典出管宁、华歆)。

进见:前去会见(多指见首长)。晋见:即进见。

进言:向人提意见(尊敬或客气的口气),如"向您进一言"。

觐见:(书)朝见(君主)。

驾临:敬辞,称对方到来。

外舅:(书)岳父。

阁下:敬辞,称对方,多用于外交场合。

二、逻辑推理知识

1. 什么是推理

推理是由一个或几个已知判断推出一个新判断的思维形式。

2. 推理的三种常见形式

(1)归纳推理即从多个具体的现象中总结出一个一般的规律,是从个别到一般。它包括简单枚举法(不完全归纳法)和完全归纳法两种。

简单枚举法往往会犯以下逻辑错误:有些推断的前提本身是虚假或谬误的,有的遗漏了所涉其他对象而导致结论片面或偏颇,有的则是前提与结论之间存在强加因果或颠倒因果的问题,等等。

(2)演绎推理即从一个一般的规律到个别的具体现象的推理,是从一般到个别。常用的演绎推理形式是"三段论",由大前提、小前提和结论组成。

演绎推理容易犯以下错误:偷换概念、前提错误、判断矛盾等。

(3)类比推理对象有部分属性相同,从而推出它们的其他属性也相同的推理。简称类推、类比。

类比推理会犯以下常见错误:前提错误、属性错误等。

3. 高考中常见的逻辑推理关系

从2017年三套全国卷的第21题来看,逻辑推理题所选材料一般都比较容易理解,且比较贴合实际,设题时往往涉及以下复句关系。

(1)条件关系。分句之间的关系是条件和结果的关系,偏句提出一种真实或假设的条件,正句说明在这种条件下所产生的结果。常见的形式有三种:充分条件、必要条件、充要条件。

条件关系复句常犯的错误有:三种条件关系混淆;条件与结果之间没有必然的联系等。

（2）因果关系。一种事物或一些条件的存在导致另一种事物的产生，其中前者是因，后者为果。

因果关系常犯的错误有：原因和结果之间没有必然的联系等。

三、常见句式特点

现代汉语的句式灵活多变，不同句式具有不同的表达效果。高考涉及的常见句式有以下几种。

（一）长句与短句

长句指词语和修饰语较多、结构复杂的句子。短句指文字较少、结构简单、表意简明的句子。长句严谨而有气势；短句简洁而节奏明快。如：

巴黎之行让我对法国作家和诗人维克多·雨果为建立法国文学创作者的著作权保护机构——法国文学家协会所做的工作，为促成制定保护文学艺术作品著作权的国际公约——伯尔尼公约做出的杰出贡献有了更深的了解。（长句）

巴黎之行让我对法国作家和诗人维克多·雨果有了更深的了解。他为法国文学创作者的著作权保护机构——法国文学家协会的建立，做了工作。他还为了保护文学艺术作品著作权的国际公约——伯尔尼公约的制定，做出了杰出贡献。（短句）

（2011 年新课标卷）

（二）整句与散句

整句指形式整齐匀称，结构相同或相似的一组句子（多用排比或对偶）；散句指长短参差，结构不整齐，句式不同，句中没有特意使用相同词语的一组句子。整句一般节奏鲜明，音调和谐，语势强烈；散句结构错落，灵活多变，生动形象。如：

焦裕禄是为人民拼死拼活谋福祉的领导干部的优秀代表，是为信仰无怨无悔做奉献的共产党人的光辉典范，是为祖国艰苦奋斗创新功的那一代人的精神符号。（整句）

焦裕禄是为人民拼死拼活谋福祉的领导干部的优秀代表；他为信仰无怨无悔做奉献，成为共产党人的光辉典范；在为祖国艰苦奋斗创新功的时代里，他是那一代人的精神符号。（散句）

（2015 年福建卷）

（三）肯定句与否定句

肯定句是对事物作出肯定的判断，否定句是对事物作出否定的判断（一般用否定词）。同样的意思，肯定句比否定句要强，但双重否定又比肯定句强。如：

他是个好学生。（肯定句,语气强）

他不是个坏学生。（否定句,语气弱）

（四）主动句与被动句

主动句指主语是谓语动作发出者的句子,被动句指主语是谓语动作承受者的句子。二者的不同在于强调的主语对象不同。如：

老师把那些学生批评了一顿。（主动句,强调"老师"）

那些学生被老师批评了一顿。（被动句,强调"学生"）

（五）书面语句与口语句

书面语句指用词典雅庄重,有时用文言词,多用修饰语、关联词和并列短语,结构和表意都很严谨的句子;口语句指用词口语化,结构简单而松散灵活的句子。书面语句多严谨而富有文采,口语句多生动活泼。如：

我与父亲不相见已二年余了。（书面语）

我那时真是聪明过分,总觉他说话不大漂亮,非自己插嘴不可。（口语）

（朱自清《背影》）

（六）不同语气句

根据表达语气不同,句子可以分为陈述句（表示陈述）、祈使句（表示请求命令或禁止）、疑问句（表示疑问）、感叹句（表示感慨叹息）。同样的意思,用不同的语气表达,效果不同。如：

你能到老师办公室去一下吗?（疑问句,委婉）

到老师办公室去一下!（祈使句,强烈）

高考中,句式多在选用、仿用、变换句式和补写句子题型中出现。解答时要做到五个"一致"：①话题一致（前后句子不偏离主旨）；②主体一致（前后句子陈述对象相同）；③情调一致（前后句子保持情感、色彩、语体风格等和谐统一）；④内在逻辑一致（前后句子排序符合事理逻辑和人们的认知规律）；⑤结构一致（有整句特点的句子要注意前后句式的一致贯通）。

四、常见修辞手法

广义的修辞指包括炼字炼词、句式选用和修辞手法运用等润色语言的方法,狭义的修辞指各类修辞手法（又称修辞格）。高考中需要关注的常见修辞手法有：比喻、比拟、借代、夸张、排比、对偶、对比、设问、反问、反复等。

（一）比喻

比喻即"打比方",就是用一物来比方另一物的手法;它使句子生动形

象,通俗易懂。如:

问君能有几多愁?恰似一江春水向东流。

(李煜《虞美人》)

（二）比拟

比拟即把物当作人写或把人当作物写,或把甲物当作乙物来写。它使表达生动传神。如:

波浪一边唱歌,一边冲向高空,去迎接那雷声。

(高尔基《海燕》)

（三）借代

借代即不直言事物而用相关事物代替的手法。它使句子简洁生动,引人联想。如:

知否?知否?应是绿肥红瘦。

(李清照《如梦令》)

（四）夸张

夸张即刻意夸大或缩小事物特点功用等内容的手法。它的作用是突出特征,烘托气氛。如:

白发三千丈,缘愁似个长。

(李白《秋浦歌》)

（五）排比

排比即由三个或三个以上结构相近、内容相关、语气一致的短语或句子排列在一起的手法。它的作用是增强气势和抒情性。如:

他们的品质是那样的纯洁和高尚,他们的意志是那样的坚韧和刚强,他们的气质是那样的淳朴和谦逊,他们的胸怀是那样的美丽和宽广。

(魏巍《谁是最可爱的人》)

（六）对偶

对偶即用字数相等、结构相同、内容相关的一对短语或句子来表达的手法。其效果是表意凝练,整齐匀称,节奏感强。如:

无边落木萧萧下,不尽长江滚滚来。

(杜甫《登高》)

（七）对比

对比即将两种相对或相反的事物或情况进行比较的手法。其效果是突出本质,让人印象深刻鲜明。如:

横眉冷对千夫指,俯首甘为孺子牛。　　　　(鲁迅《自嘲》)

（八）设问

设问即用问话的方式，自问自答地表述内容的手法。其效果是引人注意和思考。如：

"木叶"是什么呢？按照字面的解释，"木"就是"树"，"木叶"也就是"树叶"。

（林庚《说"木叶"》）

（九）反问

反问是用疑问的形式表达确定意思的手法。其效果是加强语气，发人深思。如：

我呢，我难道没有应该责备的地方吗？

（都德《最后一课》）

（十）反复

反复是有意重复某个词语或句子以强调语意的手法。其效果是突出强调，增强情感。如：

沉默呵，沉默！不在沉默中爆发，就在沉默中灭亡。

（鲁迅《记念刘和珍君》）

五、常见应用文体格式

应用文写作或修改在高考语文中一直占有重要地位。它的考查方式非常灵活：可能与大作文结合，也可能以修改式写作或填充式补写方式出现。考查的重点在于文体格式和行文习惯。高考已经出现过的应用文有书信、启事、通知、新闻、电报稿、广播稿、申请书、说明书等。以下是近年需要关注的常见应用文文体解说和举例。

（一）书信

一般书信包括五个部分（特殊书信需加标题，如"感谢信""贺信"）：

1. 称呼。第一行顶格写，后面加冒号。

2. 正文。第二行空两格写起，转行顶格。可有若干段落。

3. 结尾。正文结束后，一般另起一行空两格写"此致""祝"等词语。然后另起一行顶格写"敬礼""进步"等祝颂语。

4. 署名。一般写在祝颂词下行的后半行。

5. 日期。写在署名下一行，靠右边写上写作的年月日或月日。

感　谢　信

尊敬的李老师：

　　在今年春季我的家庭遭遇不幸,我的精神受到重大打击的紧急时刻,您多次登门探望,同我亲密谈心,解决我生活上的困难,把我从绝望的泥淖中拉出来。为此我谨向您表示衷心感谢! 现在我决心积极投入生活,努力学习,以实际行动和优异成绩答谢您的帮助和关怀。

　　此致

敬礼!

您的学生:张莉

2018 年 6 月 7 日

（二）通知

1. 标题。第一行居中写明"通知"或"关于××的通知"。

2. 称呼。换行顶格写明被通知方的名称,后用冒号。(如果标题明确了对象,此条可省略)

3. 正文。另起一行空两格写通知内容,如会议通知包括会议内容、时间、地点、出席对象和有关准备事项等。

4. 署名。正文下一行的右下方写发出通知的单位或组织。

5. 日期。写在署名下一行的右边。

通　　知

各班班主任：

　　明天下午 3 点 30 分在行知楼三楼会议室召开全体班主任会议,布置建档立卡学生资助工作,请准时参加。

校政教处、校资助办

2017 年 12 月 26 日

（三）启事

1. 标题:第一行居中写明"××启事"。

2. 正文:另起一行空两格写启事内容,交代有关事情的背景和目的,提出要求和希望,说明有关注意事项及办理程序等。

3. 署名:正文下一行的右下方写提出启事的单位或个人。

4. 日期:写在署名下一行的右边。

各类启事具体要求如下。

寻物(人)启事:要将物品特征、数量、种类,人的特征,丢失的时间、具体地点和联系方式写清楚,用语要有礼貌。

招领启事:只写捡到的物品名称,不涉及具体的样式和数量,以防冒领,捡到物品的时间地点要写清楚。

招聘启事:要写招聘的目的、对象、条件、待遇、联系方式等内容,用语要诚恳。

征文启事:要写明征文的目的和意义、征文的体裁和内容、评选办法、截止日期、注意事项等。

"五一专刊"征稿启事

为了欢庆"五一"国际劳动节,经班委会讨论决定,我班出一期"五一专刊",希望全班同学踊跃投稿。具体要求:

一、内容能表达青春一代热爱劳动、歌唱生活的情感,体裁不限。

二、100－500 字,用稿纸誊写清楚。

三、稿件请于 4 月 20 日前交给宣传委员蒋芳同学。

高二(6)班墙报编辑组

4 月 6 日

(四)申请书

1. 标题:第一行居中写明"申请书"或"关于……的申请",加上标明性质的字样。

2. 称呼:换行顶格写接收申请书的单位名称或领导姓名,后用冒号。

3. 正文:另起一行空两格写申请内容。应包括三个方面:第一,申请什么,要求批准什么;第二,提出申请的目的和理由;第三,表明自己的态度(或决心、愿望等)。

4. 结尾:写表示敬意之类的专用语;也可写表示感谢和希望的话,如"请组织考验""请审查""望领导批准"等。用语要恳切,有礼貌。

5. 署名:正文下一行的右下方写提出申请的单位或个人。

6. 日期:写在署名下一行的右边。

申 请 书

尊敬的学校领导:

我是高一(3)班学生李雷,家住柿树乡丘岗村。我生活在单亲家庭,家中四口人,祖母年迈多病,弟弟刚上初中,全家人的生活重担都压在母亲肩上,生活十分困难。为此,我特向学校申请困难补助金若干。

此致

敬礼!

高一(3)班学生　李雷
2018 年 3 月 12 日

(五)请假条

1. 标题:第一行正中写"请假条"三字。

2. 称谓:顶格写称谓,即向谁请假。注意应加上其职务,以示尊重。

3. 请假原因:空两格,说明请假事由,如病假、事假等。

4. 请假起止时间:从××月××日至××月××日,共×天。

5. 祝颂语(可要可不要):如"此致""敬礼"。

6. 请假人签名:右侧对齐。

7. 请假时间:在签名下面,写上请假条书写的日期。

请 假 条

尊敬的王老师:

　　因我的身体多日感到不适,需回家检查治疗,特向您请假两天(4 月 16 日、17 日)。请您批准。

学生:李琳琳
2018 年 4 月 15 日

(六)请柬

1. 标题(封面):第一行居中写明"请柬"(封面注明"请柬""恭请"等)。

2. 正文:顶格写被邀请人的名字及称谓。内容另起一行,空两格,交待活动内容、时间、地点。

3. 结尾:敬语,发柬者名称及时间。

校 庆 请 柬

_____校友:

　　岁月如歌,盛世相约。毛寨中学承各界关怀、校友厚爱,一百年砥砺前行,薪火相传,蕴育春华秋实;一百年与时俱进,沧桑巨变,谱写辉煌篇章!

　　兹定于 2018 年 5 月 1 日上午 10 时 08 分在毛寨中学隆重举行建校 100 周年庆祝活动,恭请莅临,共襄盛典!

　　此致!

毛寨中学百年校庆筹委会谨邀
2018 年 3 月 8 日

（七）广播稿

1.语句要通俗化、口语化。

2.用词响亮,音调和谐。

3.多用短句,抒情性强。

2017年秋季运动会广播稿件
致运动员

有多少次挥汗如雨,伤痛曾填满记忆,只因为始终相信,去拼搏才能胜利。总在鼓舞自己,要成功就得努力。热血随呐喊声沸腾,巨人在赛场站起。相信自己,你们将创造奇迹,赢得胜利;相信自己,梦想在你们手中,这是你们的天地。当一切过去,你们将是第一。相信自己,你们将超越极限,超越自己! 相信自己,加油吧,健儿们,相信你自己!

六、公益广告的特点及类型

（一）公益广告特点

从语言形式上看,公益广告主要有四个特点:一是善于运用修辞,二是语言质朴,三是押韵上口,四是句式整齐。公益广告常用的修辞格主要有以下几种。

（1）对偶。例如,推广普通话宣传周的口号:"说地地道道普通话,做堂堂正正中国人!""民族在奉献中崛起,生命在热血里绵延"等。这类公益广告词节奏感和韵律感较强,读来琅琅上口,给人以美的享受,也便于人们记忆。

（2）双关。就是利用双关赋予广告词不同的意思。例如,"说好普通话,'知音'遍华夏。""知音"二字,既表示别人能听懂,也表示可以广交朋友,一语双关。这一形式可以收到词浅意深,回味无穷的效果。

（3）对比。例如,"鲜血诚宝贵,救人品更高。"对比鲜明,可以给人深刻的印象和启示。

（4）仿拟。就是套用人们熟知的语句,使其产生一种新的意义。例如,"鲜血诚可贵,助人价更高"就化用了"生命诚可贵,爱情价更高",作为公益广告词可以达到迅速传播的目的。

（5）比喻。例如,"血,生命的源泉,友谊的桥梁"。

（6）设问。例如,"为何血浓于水? 因有爱在其中。"构思新颖,提问巧妙,发人深省。

（二）公益广告类型

（1）角色变换型。例如,①独白式(用血者的角度):生活花朵的绽放,源自你献血的浇灌。②代言人式（社会的角度）：热血是生命的标志，无偿献血是文明进步的标志。

（2）明理晓谕型。例如，让你的血液得到更新，让别人的生命得到延续。

（3）数学公式型。例如，爱心＋勇气＝光荣的献血者。

（4）修辞技巧型。例如，让我们用沸腾的热血，续写他人生命的篇章。

（5）借鸡下蛋型。例如，但愿人长久，热血注心田。

（三）典题练习

1. 下图是一则公益平面广告，根据要求答题。（4分）

$$人品 + 良品 = 食品$$

（1）请简要赏析这则公益广告的创意。（2分）

（2）根据本则广告的立意和所反映的现实问题，向有关部门提出切实有效的建议。（2分）

答案：

（1）用了拆字组合（把"食"拆成"人""良"二字）的方法，点出了食品安全第一要提高商家的"人品"，即道德和社会责任感；第二在于食材要用质量过关的"良品"。（2分）

（2）严格执法和监督，保证食品各个环节的安全（或规范和提高食品标准及市场准入制度）。（2分，所提建议，合理即可）

解析：

广告语可以分为以下类型：功效型、优质型、双关型、好感型、号召型、励志型。本题可以根据广告内容分析"食"拆成"人""良"二字的寓意，从而提出合理化建议。

2. 请拟一条以"说普通话"为内容的公益广告词。要求主题鲜明，态度真诚，构思新颖，语言简明。（10～20个字）

答案：

①说好普通话，方便你我他。

②说好普通话，共爱一个家。

③说好普通话，"知音"遍华夏。（开放性试题，不设统一答案，此答案仅供参考。）

解析：话题是"说普通话"，考查形式是公益广告词，题干要求"主题鲜明，态度真诚，构思新颖，语言简明"，所以在拟写时考生注意紧扣话题，运用修辞，把握字数要求即可。

第三课　句子补写与句式变换

1. 通过考纲解读和真题分析,弄清补写题考查的基本题型,掌握补写题的答题方法。

2. 了解不同句式的特点,弄清句式类常见题型的特点,掌握答题方法。

课时建议:2 课时。

一、句子补写

(一)总括句的补写

总括句的补写可以分为总领句和总结句的补写。总领句是能领起或概括整个语段或下文的语句。一般位于段落开头。总结句,对整个语段或语段中某一个(两个)层次内容做出总结的句子,在这一题型中,这样的句子前面通常有"因此""所以""由此可见"等提示性词语,是对前面内容的归纳总结,有的则是对前面具体内容的概括与升华,总结准确全面。有时总结句是对上文两至三个层次内容的总结,补写时不要漏掉要点。

1. (2016 年全国卷Ⅰ)

花青素是一种水溶性的植物色素,分布在液泡内的细胞液中,能够决定花的红色、蓝色、紫色等颜色的差别。这是因为花青素_____

_____:在酸性溶液中呈现红色,在碱性溶液中变为蓝色,处于中性环境中则是紫色。

答案:在不同环境中会形成不同颜色。

解析:这一句就是起总括作用的,根据后面的"在酸性溶液中呈现红色,在碱性溶液中变为蓝色,处于中性环境中则是紫色"可以推出答案关键词是"不同环境"中呈现"不同颜色"之类的句子。

2. (2012 年安徽卷)

中国古代园林艺术的基本思想是可游、可居、可望。其中,

_____。一切美术都是"望",都是欣赏。不但"游"可以发生"望"的作用,即便是"居",也同样要"望"。一切亭台楼阁,都是为了"望",都是为了得到和丰富对于空间的美的感受。

答案:"望"最重要。

解析:本段话中,第一句是总括句,它包含了三个方面内容,根据"其中"一词,可以看出文段想要强调的内容,结合后文,可以看出出现频率最高的是"望"字,所以,答案是"望"最重要。(意思相近即可)

3.(2012年新课标卷)

早在传说中的远古时期,我们的祖先就开始采掘铜矿,铸造铜器了。从传世文献记载来看,我国在夏代之前就已进入铜器时代,但是,这却一直没有得到考古发掘的证实。20世纪50年代,考古工作者在河南偃师二里头一带发掘出了不少青铜器。经鉴定,这批青铜器的制作年代距离现在3500多年,这个时间大概是夏晚期。它们出土的地点正好是古书中所说的夏代开采铜矿之地,因此,可以确信,_____。

答案:我国至迟在夏晚期就已经开始使用铜器了。

解析:首先要找准此段议论的话题"我国在夏代之前就已进入铜器时代,但是,这却一直没有得到考古发掘的证实",后面举了一个考古例证,证明了"我国至迟在夏晚期就已经开始使用铜器了"这一结论。

(二)分析展开句补写

分析展开句,就是一个句子展开说明或者论述,已经有了前半句,要求往下写,这样的句子就是分析展开句。分析展开句大多出现在同一个句子的上半句或下半句中,往往是并列复句的另一半,或者转折关系的另一个方面,或者条件关系复句的"条件"或者"结果"等等。这类题一定要注意句与句之间的逻辑关系。

1.(2015年全国卷Ⅰ)在下面一段文字横线处补写恰当的语句,使整段文字语意完整连贯,内容贴切,逻辑严密。每处不超过15个字。(5分)

电子商务存在的价值之一,就是通过互联网进行网上购物、网上支付,节省消费者与商家的时间和空间,①_____。对于工作忙碌的上班族而言,②_____,还易于达到货比三家、快乐购物的目的。在信息多元化的21世纪,③_____,完成购物,已经成为许多消费者的习惯。

答案:①从而大大提高交易效率;②除了大量节省宝贵时间;③上网浏览商品信息。

解析:第①句是前文内容的展开,根据"通过互联网进行网上购物、网上支付,节省消费者与商家的时间和空间",可以得出第①句是"提高了交易效率"。第②句,是"对于工作忙碌的上班族而言"的展开,对"工作忙碌"

的上班族来说缺的是时间,故第②句应与"时间"有关。根据后面"还"可知,第②句中关联词要正确,要有"除了""不仅"等关联词。第③句是对语段的总结,根据"完成购物……"可知,应为"可以通过网络浏览商品信息"。

2.(2015年广东卷)在下面一段文字的空白处补写恰当的语句,使整段文字语意完整,逻辑严密,前后连贯。每处字数不得超过所给空格数(含标点符号)。

产品说明书的出现是商品生产的一大进步。随着社会工业化进程的加快与科学技术的不断进步,商品的技术含量越来越高,许多商品的使用方法已远远地超出了人们的常识。___①___,就可能给消费者带来不便,如不会使用或者使用不当。可见说明书是不可或缺的。___②___,否则,文字的任何错误都有可能使消费者乃至生产者付出沉重的代价。除了文字错误以外,产品说明书还存在诸如专业术语艰涩难懂、产品说明与实际不符等各种问题。现在关注产品质量问题的人越来越多,___③___,许多人甚至不看说明书或者不按说明书来使用产品,这意味着大多数消费者还没有意识到说明书的重要性。

①_____

②_____

③_____

答案:①如果没有产品说明书;②产品说明书的文字必须准确无误;③可很多消费者不太关注产品说明书的质量问题。

解析:由①处下文的"就可能给消费者带来不便……"和"可见说明书是不可或缺的"可知,①处应填"未给产品配备使用说明书"。②处根据后面的"否则,文字的任何错误……"提示我们前文内容与说明书文字的准确性相关。③处议论"产品说明书的质量"的相关问题,并且与后文构成递进关系。

(三)关联词补写

(2015年福建卷)在画线处填上适当的关联词。(3分)

宋祁的"红杏枝头春意闹","闹"字___①___写出浓浓春意,___②___把视觉与听觉结合在一起写出了场面感。李清照的"此情无计可消除,才下眉头,却上心头",一般人可能都经历过,___③___,___④___像李清照这样的高手___⑤___能传神地将这精微的心理描写出来。

答案:①不仅;②而且;③但是;④只有;⑤才。(其他关联词,合乎文意亦可)

解析:这类题的答案补写,要求考生具备弄清句群中各分句之间的关系,掌握足够数量的关联词的能力。从文意上看,上段横线上的答案依次为表示递进、转折、条件关系的关联词。

(四)补写题综合演练

1.(2017年全国卷Ⅰ)在下面一段文字横线处补写恰当的语句,使整段文字语意完整连贯,内容贴切,逻辑严密。每处不超过15个字。(6分)

药品可以帮我们预防、治疗疾病,但若使用不当,___①___,以口服药为例,药物进入胃肠道后逐渐被吸进血液,随着时间推移,___②___,当药物浓度高于某一数值时就开始发挥疗效,然而,___③___,超过一定限度就可能产生毒性,危害身体健康。

答案:①就有可能对人体造成伤害;②药物浓度会渐渐上升;③药物浓度不是越高越好。

解析:这道真题补写第①处要根据前一句"药物"的正面疗效的句意来补写出其表达反面后果的句子;第②处补写时既要看前一句,又要看后一句;第③处属于顺承式补写,需要抓住后句中"当药物浓度高于某一数值时"的提示,可以得出答案。

2.(2017年全国卷Ⅱ)在下面一段文字横线处补写恰当的语句,使整段文字语意完整连贯,内容贴切,逻辑严密。每处不超过10个字。(6分)

为了保护自己,变色龙经常换上与环境接近的颜色。人们对此有一种根深蒂固的看法,以为变色龙___①___,就可以变成什么颜色。其实,___②___。蜥蜴类动物的皮肤变色___③___,温度和光线是其决定因素,而且每种蜥蜴能变什么颜色也是固定的。

答案:①想变成什么颜色;②事实并非如此;③是受很多因素影响的。

解析:根据"以为变色龙""就可以变成什么颜色"可知,第①处应填写"想变成什么颜色";根据"其实"及空后内容可知,第②处应填写"事实并非如此";根据"温度和光线是其决定因素"可知,第③处应填写"是受很多因素影响的"之类的句子。

3.(2017年全国卷Ⅲ)在下面一段文字横线处补写恰当的语句,使整段文字语意完整连贯,内容贴切,逻辑严密,每处不超过16个字。(6分)

太阳能与风能___①___,通常白天阳光强而风小,夜晚光照变得很弱而风力很强;夏季阳光强度大而风小,___②___。这种互补性使风光互补发电系统在资源上具有很好的匹配性。常见的风光互补发电系统有两套发电设备,夜间和阴天由风力发电装置发电,___③___,在既有风又有太阳的情况下,二者同时发挥作用,比单用风力发电更经济。

答案:①在时间上和季节上都有很强的互补性;②冬季太阳光照强度弱

而风力很强;③白天和晴天由太阳光发电装置充电。

解析:第①处属于总括式补写,根据后文"白天、夜晚""夏季""这种互补性"等词语,即可补写出答案;第②处是顺承式补写,根据"夏季阳光强度大而风小",补写出与之相反的句子;第③处同样属于顺承式补写,根据上文"有两套发电设备"以及"夜间和阴天由风力发电装置发电"可以得出答案。

4.(2018年全国卷Ⅰ)"大洋一号"是中国第一艘现代化的综合性远洋科学考察船。自1995年以来,这艘船经历了大洋矿产资源研究开发专项的多个远洋调查航次和大陆架勘查多个航次的任务。今年,它又完成了历时45天、航程6208海里的综合海试任务。对不熟悉的人而言,(   )。在这里,重力和ADCP实验室、磁力实验室、地震实验室、综合电子实验室、地质实验室、生物基因实验室、深拖和超短基线实验室等各种实验室_____,分布在第三、四层船舱。由于船上配备了很多先进设备,人不用下水就能进行海底勘探。比如,深海可视采样系统可以将海底微地形地貌图像传到科学考察船上,犹如有了千里眼,海底世界可以_____,并可根据需要_____地抓取矿物样品和采集海底水样;深海浅层岩芯取样钻机可以在深海底比较坚硬的岩石上钻取岩芯。

"大洋一号"的远航活动,与郑和下西洋相呼应。600年前,伟大的航海家郑和七下西洋,在世界航海史上留下了光辉的一页。600年后,"大洋一号"不断进步,_____,在《联合国海洋法公约》的法律框架下,探索海洋奥秘,开发海洋资源,以实际行动为人类和平利用海洋作出了中国人民的贡献。

下列在文中括号内补写的语句,最恰当的一项是(   )。(3分)

A."大洋一号"的实验室很多,就像迷宫一样

B."大洋一号"有十几个像迷宫一样的实验室

C.走进"大洋一号",犹如进入了一座迷宫

D.进入迷宫一样的"大洋一号",会分辨不出方向

答案:选C。

解析:"对不熟悉的人而言……"、"在这里……",这是语境,句子要表达"大洋一号的实验室像迷宫","在这里……"在迷宫里,所以承前应该是"迷宫",排除B、D。"对不熟悉的人而言……"紧跟"走进大洋一号……"比较好,排除A。故选C。

5.(2018年全国卷Ⅱ)戏曲既需要传承也需要创新,这是业内的基本共

识。然而,近年来由于一些创新尝试未收到理想效果,有人就将创新和继承对立起来,认为戏曲不必创新。尤其是昆曲等戏曲艺术进入世界非物质文化遗产名录之后,创新在某些人那里几乎成了贬义词。(　　　　　　)。随着时代的发展变化,戏曲艺术不断被赋予新的内涵。如果一直固守原有形态,只强调复制和模仿,戏曲恐怕早在数百年前就＿＿＿＿＿＿＿＿了。突破前人、大胆创新,这是各个时代取得伟大成就的艺术家的共性。诚如某戏剧评论家所言,没有一位＿＿＿＿＿＿＿＿的京剧名伶是靠模仿或重复而成就自己的。京剧大师梅兰芳,以坚定的信念和博大的胸怀为京剧改革作出巨大贡献。他眼界开阔,＿＿＿＿＿＿＿＿,除唱腔、表演技巧之外,还从化妆、灯光、服装、舞蹈、剧目创作等多个方面进行了大量的探索,可谓"剧剧有创新,剧剧有新腔"。尚小云、荀慧生、于连泉等人,也是因为具有超越前人的理想和切实的努力,不满足于停留在雷池之内＿＿＿＿＿＿＿＿,才能够在强大的保守情绪的笼罩下突破藩篱,从而成为新流派的创始人。当然,戏曲的创新必须以传承为基础,是传承中的创新,而不是眼花缭乱甚至任性妄为的创新,才能探索出一条能够被大多数观众接受的创新之路来。

下列在文中括号内补写的语句,最恰当的一项是(　　)。(3分)

A. 当代戏曲的发展,被创新精神的缺失所制约

B. 当代戏曲的发展,因创新精神的缺失而被制约

C. 创新精神的缺失,制约了当代戏曲的发展

D. 创新精神的缺失,对当代戏曲发展起了制约作用

答案:选 C。

解析:根据前文可知,上文强调的是中国戏曲艺术缺乏创新精神,因此排除 A、B,根据语言表达的简洁,可以排除 D。故选 C。

二、变换句式

1. (2017 年山东卷)阅读下面的文字,逐段概括中国古代木构房屋的特点。每个特点不超过 10 个字。(4分)

①中国古代木构房屋需防潮防雨,故有高出地面的台基和出檐较大的屋顶。

②这种房屋内部可以全部打通,也可按需要用木材进行装修分隔,分隔方式可实可虚,实的如屏门、板壁等,虚的如落地罩、太师壁等。

③工匠们设计房屋的各种构件(如梁、柱)时,在保有其功能的基础上,往往顺应其形状、位置进行艺术加工,使之更加漂亮、美观,如把直梁加工成

月梁,以给人举重若轻之感。

④为防止木材腐烂,工匠们给木构房屋涂上油漆,尤其在木材表面形成坚韧的保护膜,能起到很好的防护作用。

答案:①台基高,出檐大;②内部可通可隔;③构件艺术美观;④涂有油漆以防腐。

解析:此题考查学生压缩语段的能力。"压缩语段"的关键在于寻找符合题目要求的信息点,取主舍次,然后确定表达的语言骨架,将重要的信息分解安排,组成符合题干要求的句子。

2.(2017年天津卷)给下面短文拟写一个标题。(12字以内)(3分)

事实上,"一带一路"推动的不仅仅是经济上的合作,更是文明互通的基础建设,是连接世界上不同文明的"带"与"路"。它以文明对话为引领,强调不同文明的相互尊重、平等对话与交流融合,其路径很清晰:基础设施建设先行,贸易发展紧随,伴着人民交往、文化交流,逐渐实现沿线国家民众相互理解、相互包容、和平共处、共同发展,最终达至民心相通,文化相融。

答案:"一带一路"推动文明互通。

解析:本题考查拟写标题的能力。拟写标题其实就是考查考生的概括能力,要求考生仔细阅读全文。短文内容先指出"一带一路"推动的不仅仅是经济上的合作,更是文明互通的基础建设,是连接世界上不同文明的"带"与"路",然后强调了"一带一路"是不同文明的相互尊重、平等对话与交流融合,最后指出"一带一路"推动文明互通的路径。所以可以为这段话拟写标题为:"一带一路"推动文明互通。意思对即可,拟写时还要注意特殊要求,比如本题限制字数在12字以内。

3.(2017年浙江卷)归谬法是指为反对错误观点,先假设这个观点是正确的,由此推论得出荒谬结论的论证方法。仿照下面的示例,另写一句话。要求:符合归谬逻辑,句式基本一致,语言简洁明了。(3分)

例句:如果作品水平越高,知音越少,那么谁也不懂的东西就是世界上的绝作了。

参考答案:如果语言是生产工具,能够生产出物质资料,那么夸夸其谈的人就可以是百万富翁了。

解析:本题考查仿写句子,要使用归谬法,得出的结论必须是错误的,因为有参考示例,所以难度不大。

4.(2015年福建卷)阅读下面的文字,请将划线的句子改写成排比句。要求:不得改变原意。(3分)

焦裕禄是闻名全国、感动全国的"县委书记的好榜样"。他在兰考县忘我奋斗一年零五个月,积劳成疾,英年早逝。焦裕禄是为人民拼死拼活谋福祉的领导干部的优秀代表;为信仰无怨无悔做奉献,成为共产党人的光辉典范;在为祖国艰苦奋斗创新功的时代里,他是那一代人的精神符号。人民是不会忘记焦裕禄的。

答:_____

_____

参考答案:是为人民拼死拼活谋福祉的领导干部的优秀代表,是为信仰无怨无悔做奉献的共产党人的光辉典范,是为祖国艰苦奋斗创新功的那一代人的精神符号。

解析:此题是散句改为整句的句式变换题。方法是先确定一个标准句,然后将其他句子转换成与标准句一样的格式即可。有的句子改后还要考虑排序。

5.(2015年新课标卷Ⅱ)填入下面一段文字横线处的语句,最恰当的一句是( )。(3分)

辣,我们都不陌生,很多人无辣不欢甚至吃辣上瘾,这是因为辣椒素等辣味物质刺激舌头、口腔的神经末梢时,会在大脑中形成类似灼烧的感觉,机体就反射性地出现心跳加速、唾液及汗液分泌增多等现象,_____,内啡肽又促进多巴胺的分泌,多巴胺能在短时间内令人高度兴奋,带来"辣椒素快感",慢慢地我们吃辣就上瘾了。

A.大脑在这些兴奋性的刺激下把内啡肽释放出来

B.内啡肽因这些兴奋性的刺激而被大脑释放出来

C.这些兴奋性的刺激使大脑释放出内啡肽

D.这些兴奋性的刺激使大脑把内啡肽释放出来

答案:选C。

解析:此题四个选项句意相同,但A句和D句是"把"字句(主动句的一种特殊类型),C句是一般主动句,B句是被动句。四个句子的强调对象(主语)不同。从前后文衔接看,C项最连贯顺畅。

6.(2018年全国卷Ⅱ)下列在文中括号内补写的语句,最恰当的一项是( )。

( )。随着时代的发展变化,戏曲艺术不断被赋予新的内涵。如果一直固守原有形态,只强调复制和模仿,戏曲恐怕早在数百年前就寿终正寝了。

A.当代戏曲的发展,被创新精神的缺失所制约。

B. 当代戏曲的发展,因创新精神的缺失而被制约。

C. 创新精神的缺失,制约了当代戏曲的发展。

D. 创新精神的缺失,对当代戏曲发展起了制约作用。

答案:选 C。

解析:此题四个选项句意也大体相同,其中 A 项和 B 项都是被动句,C 项和 D 项都是主动句。显然,被动句和主动句强调的对象(主语)不同。从前后文衔接看,这里应该选主动句;而 D 项中"对……起作用"的说法在此句不合事理,唯 C 项最佳。

第四课 真题突破练习

本课学习目标

1.通过真题解析指导,掌握得体类题目的答题方法。

2.通过考纲解读和真题分析,弄清逻辑推理能力考查的基本题型,明确备考重点。

3.通过真题解析指导,掌握"逻辑推理"类题目的答题方法。

课时建议:2 课时。

一、语言得体真题突破

1.下列各句中,表达得体的一项是(   )(3分)

A.2018 年我乔迁新居,沈老师前来做客时,特赠裱制精良的对联一幅为我补壁,我至今仍旧珍藏。

B.自上一篇论文发表以后,你并未停止相关研究,勉力续貂,又见一篇论文发表,实在可喜可贺。

C.某医生治好不少患者的顽疾,一位患者特地制作锦旗相赠,上写道:"杏林高手,医者仁心。"

D.秦老师,您让我写的作文放您桌上了,希望您能抽空拜读一下,如有不妥之处,请您帮我改正。

答案:选 C。

解析:A 项,乔迁,敬辞,贺人迁居或贺人官职升迁之辞。补壁,谦辞,把作品赠人时用,意为水平拙劣,不足登大雅之堂,就权且给人糊墙。B 项,续貂,谦辞,比喻拿不好的东西接到好的东西后面,多用于谦称续写别人的著作。C项,"杏林"是医学界或医家的代称,典故出自三国时期名医董奉,他隐居庐山,行医不取一文钱,只要求病患者栽种杏树,积年蔚然成林。要注意与"杏坛"区别开来,"杏坛"是教育界的代称,相传孔子在杏树下设坛讲学,后泛指授徒讲学的场所。D项,拜读,敬辞,指阅读对方的文章。

2.下列各句中,表达得体的一句是(　　)(3分)

A.经过认真研究,报社决定任命中科院王院士担任社刊的顾问。

B.居民因停车问题发生了争执,居委会为此进行斡旋,解决了矛盾。

C.各位校友,在校庆活动中,希望你们能为学校尽一点绵薄之力。

D.这一次大型评选活动能够顺利举行,要感谢诸位专家的鼎力相助。

答案:选D。

解析:A项,任命,意义有承命,接受命令。指下命令任用,与语境不符;B项,斡旋,在当代国际交往中是和平解决国际争端的方法之一。大词小用;C项,绵薄之力,是指微不足道的力量,尽自己的努力去帮助别人,是谦辞,不能用在别人身上。

3.下列各句中,表达得体的一句是(　　)(3分)

A.为了祝贺王老师的令郎新婚之喜,我们全班同学集体制作了一段视频以表达诚挚的祝福。

B.兹介绍我校王丹宁同学前往贵公司参加社会实践活动,请予接洽为荷。

C.我很幸运能够聆听诸位先贤的高论,今天的讲座使我茅塞顿开,获益匪浅。

D.邓教授出院了,小李在电话里对他说:"欣闻您康复出院,特表示衷心祝贺。"

答案:选B。

解析:A项,"令郎"是敬辞,称谈话对方的儿子。可改为"公子"。B项,"请予接洽为荷"意为"请贵方给予接待,麻烦您了"。用于书信公函中。"荷"常用于书信中表示感谢。C项,"先贤"是指已故的有才德的人,与语境不符,可改为"大师"等。D项,打电话时应该用口语。

4.下列各句中,表达得体的一句是(　　)(3分)

A.学校元旦合唱比赛决赛将于12月29日下午在学校礼堂隆重举行,请各位领导莅临现场,点评指导。

B.张经理您好,我们原定于明天下午到贵处参观一事,因故泡汤了,须更改时间,我们另行磋商吧。

C.经过慎重考虑,我决定接受你的邀请,加入海天文学社,相信我的加入会使贵社的发展更上层楼。

D.您冒昧赠给我大作,想让我为之写篇序言,可惜我只有八斗之才,这个要求我恐怕难以胜任。

答案:选 A。

解析:B 项中"因故泡汤了"和"另行磋商"语体色彩不协调;C 项中"会使贵社的发展更上层楼"不得体,可改为"加入贵社将是我的荣耀"。D 项中"冒昧""八斗之才"使用不当,冒昧指不顾地位、能力、场合是否适宜(多用做谦词)引申为鲁莽轻率。八斗之才比喻人富有才华。

5.下列各句中,表达得体的一项是(　　　　)(3分)

A.令爱这次获全国作文竞赛大奖,多亏你悉心指导,我们全家都感谢你。

B.本学会于明晚举办文学创作研讨会,敬请王先生莅临指导。

C.我在雅正兄长的这本文集时,发现其文辞优美,内涵丰厚,实为难得的佳作。

D.这次办理出国手续,多亏你帮忙。明天我将登门致谢,请你在家恭候。

答案:选 B。

解析:A 项,"令爱"是敬辞,称对方的女儿,此处用于称自己的女儿,不恰当。应当为"小女"。C 项,"雅正"用于请人校正时,在此处不恰当。D 项,"恭候"是敬辞,恭敬地等候,多指自己等候别人,此处用于别人等候自己,不恰当。

6.下列各句中,表达得体的一句是(　　　　)(3分)

A.我常光顾这家小餐厅,因为这里的就餐环境非常雅致,老板也很热情。

B.中秋节快到了,您日前对犬子多有照顾,特请您到我府上小酌,以示谢意。

C.您老是知名的教育家、文学家,当我得知忝列门墙之时,心中狂喜。

D.您在报告中的一得之见,于我而言都是金玉良言,令我茅塞顿开。

答案:选 C。

解析:A 项,"光顾"为"敬辞",不能用于第一人称"我"。B 项,"府上"为敬辞,不能用于第一人称"我"。D 项,"一得之见"为谦辞,指自己对某个问题的一点肤浅的见解,不能用于他人。

7.下列各句中,表达得体的一句是(　　　　)(3分)

A.作为后生晚辈,面对今天到会的众多专家,我们一定要虚怀若谷,向他们请教专业发展的问题。

B.赵子龙百战百胜,形象完美,可惜没有与先主义结金兰,未能如关张一样得到重用,实乃可惜。

C.今天在园艺博览会现场初次见到了我仰慕已久的园艺大师,我握着他的手说:"久违了,大师。"

D.王主任应邀为全校师生作了"不忘初心,方得始终"的主题报告,结束时,他诚挚地感谢与会师生的聆听。

答案:选 B。

解析:A项,"虚怀若谷"不能用于晚辈对前辈;C项,初次见面不能说"久违",D项,"聆听"使用不当。

8.下列各句中,表达得体的一句是(   )(3分)

A.八王子胤祀对李绂说:"你现在到京城做官了,你要有什么困难,可以到我府上来。"

B.这篇署名"本报记者"的文章自相矛盾、用语粗俗、逻辑混乱、漏洞百出,从其拉大旗作虎皮的恶劣文风来看,就是一篇拙作。

C.顶替莫里斯的北京首钢男篮新外援杰瑞特到达了五棵松体育馆,暂时养伤的莫里斯也来到球馆,并不吝赐教,为小兄弟"指点迷津"。

D.他在出国前把这张单人照送给叔父,并在照片背面题有"十七岁生日摄影,敬上叔父大人惠存"的字样。

答案:选 D。

解析:A项,敬称对方的家。B项,拙作,谦词,用于形容自己的作品。C项,不吝赐教,请人指教的客气话。D项,敬词,意思是请保存。多用于赠人照片、书籍等时所题的上款。

9.下列各句中,表达得体的一句是(   )(3分)

A.我在北京参加干部培训班学习期间,有幸到老革命家朱仲丽的寓所接见了她。

B.他接受采访时说:"我的这张玉照拍摄于 2009 年 1 月的一天,背景是我的家乡。"

C.印度部队与巴基斯坦武装人员在边境爆发激烈冲突,巴军一高级军官被击毙。

D.唁电:惊悉一代高僧性空长老安详圆寂,深感悲痛。谨此奉唁,望节哀顺变。

答案:选 D。

解析:A项,接见:跟来的人见面,多用于主人接待客人或上级接见下属。B项,玉照:敬辞,称别人的照片。C项,国际冲突有人死亡使用"击毙"不得体。

10. 下列各句中,表达得体的一句是(　　)(3分)

A.这两月在家中闭门读书,深居潭府而不知外界之事,竟不知出了这样的变故。

B.尽管只是绵薄之力,但你费了很大的劲,我们应该感谢。

C.外交部发言人称,中国政府历来主张地区间的矛盾应以和平方式加以解决,不能两句话说不到一块儿,就动刀动枪的。

D.毕业之后,学生感念师恩。值此新春佳节到来之际,谨祝恩师节日快乐,万事如意!

答案:选D。

解析:A项,"潭府"指深邃的府邸,常用于尊称对方的住宅,不能用于称自己的家。B项,"绵薄之力"是谦称。C项,"不能两句话说不到一块儿,就动刀动枪"是口头语。此处应该用严肃庄重的书面语。

11. 下列各句中表达得体的一句是(　　)(3分)

A.上届比赛中获得亚军的周洋在本届比赛中奋发拼搏,如愿以偿获得了冠军,卫冕成功。

B.同位的父亲因病去世了,小明对同位说:"惊悉家严过世,你要多保重身体,节哀顺变!"

C.先生打扰了,这是我刚完成的一篇论文,烦请先生雅正,不妥之处,敬请批评指正。

D.走过路过,不要错过。各位请留步,刚出炉的栗子,新鲜又好吃,欢迎免费品尝!

答案:选C。

解析:A项,卫冕,指竞赛中保住上次获得的冠军称号,与语境不符。B项,家严,用来称呼自己的父亲,与语境不符。D项,留步,客套话,用于主人送客时客人请主人不要送出去或不要再送,与语境不符。

12. 下列各句中表达得体的一句是(　　)(3分)

A.虽然秦腔名家任哲中已经去世好多年了,可是我依然惠存着他当年送我的秦腔磁带。

B.这件事情当时非常紧急,且又有难度,如果不是您的全力帮助,估计就又黄了。

C.由于正值上班高峰期,路上堵车严重,当我赶到宾馆的时候,检查组已恭候多时。

D.老张啊,昨日见到您我万分激动,本想多喝,却不胜酒力,酒后失态,还望您多包涵。

答案:选D。

解析:A项,"惠存"的意思是"请保存",属于敬辞,不可用于自己;B项,"全力"的意思是"所有的力量"属于谦辞,别人对自己的帮助应该用"鼎力";C项,"恭候",意为恭敬地等待,敬辞,用于自己等待别人。

13.下列各句中表达得体的一句是(　　)(3分)

A.本人才疏学浅,能力有限,年轻缺乏经验,您把这样一件责任重大的事情交给我,真是感觉有些不堪借重。

B.昨日去府上拜访,不巧您有事出门,二位高堂热情款待,我真有回家的温馨感受,甚感荣幸。

C.他接过李老师赠给的字画,连声说:"感谢您的惠赠,回去必当补壁,一定会使寒舍蓬荜增辉!"

D.瑞士联邦主席在致辞中表示,主席在紧张日程中拨冗会见各界人士,体现了对瑞中关系的高度重视。

答案:选D。

解析:A项,借重,敬辞,指借用其他人的力量。B项,高堂,一般称自己父母。C项,补壁,把作品赠人的时候的谦词这里有错对象。

14.下列各句中,表达得体的一句是(　　)(3分)

A.小王去菜市场买菜,问卖鱼的大爷:"大爷,那鱼多少人民币每千克?"

B.某市长看望人大代表时.对他们说:"诸位代表,你们辛苦了,我代表全市人民感谢你们!"

C.中国政府发言人在新闻发布会上就解决地区间矛盾问题表达自己的意见,说:"不要两句话说不到一块就动刀动枪的。"

D.奉上拙著一本,鄙人才疏学浅,书中谬误甚多,特此敬请斧正。

答案:选D。

解析:A项,此处应该用口语;B项,"市长代表全市人民感谢人大代表"不得体;C项,新闻发布会应该用书面语。

15.下列各句中表达得体的一句是(　　)(3分)

A.初次参与高端的班主任论坛,鄙人才疏学浅,幸蒙贤兄抛砖引玉,让我得以从容。

B.这是我编写的拙作《学霸笔记·语文》,感觉文辞微浅,冒昧打搅先生,请您雅正。

C.李华与张红闹别扭,为了重回友谊,李华说:"让我们握手言和,结为秦晋之好吧。"

D.请放心,我会准时光临宴会,送上我对你们这些即将走上高考考场的学子的祝福。

答案:选B。

解析:A项,"抛砖引玉"比喻用自己不成熟的意见或作品引出别人更好的意见或好作品,是谦词,这里运用不得体。C项,"秦晋之好"泛指两家联姻,用在此处不合语境。D项,"光临"是敬辞,用在此处不得体。

16.下列各句中,表达得体的一句是( )(3分)

A.我的孩子不是太懂事,昨天说话没大没小,没有分寸感,你就原谅她吧。

B.这件事我正在考虑,你有什么想法,可以向我进言,我会认真对待的。

C.你大哥前天特意问我跟你一道跑到哪里去玩了,我说跟你驾临朋友家。

D.我们五个女同学去你家,你大姐正在忙碌,有失远迎,不过我不怪她。

答案:选A。

解析:B项,"进言"是向人提意见(尊敬或客气的口气),谦敬失当。C项,"驾临",敬辞,只称对方到来,不能用于自己说自己。D项,"有失远迎"指未及时欢迎,是谦辞,不能用在此处。

17.下列各句中,表达得体的一句是( )(3分)

A.我们是多年的同窗好友,情谊深厚,现在你需要我的帮助,我一定玉成此事。

B.会议结束之后,李教授对他说:"你惠赠的拙作我已收好,回去后一定拜读。"

C.承蒙您的垂爱,对小女悉心指导,才使她在这次大赛中夺冠,对此我们深表谢意。

D.他是我的高足,上学期间便品学优,目前已经在科技创新领域取得多项研究成果。

答案:选C。

解析:A项,"玉成"是敬辞,成全。B项,"拙作"是谦辞,用于称自己的文章。D项,"高足"是敬辞,称呼别人的学生。

18.下列各句中,表达得体的一句是( )(3分)

A.别人送给我的东西即使不值钱,我也敝帚自珍,因为礼轻情意重嘛!

B.昨日我曾到府上拜访,令尊鹤发童颜,精神矍铄,谈及自己感兴趣的话题更是滔滔不绝。

C.同学们,在高考之路上,请相信老师,配合老师,你若诚心跟随,我必鼎力相助!

D.作为多年的老朋友,我劝你,也都是为你好,千万不要辜负了我的一番雅意。

答案:选 B。

解析:A 项,"敝帚自珍"不能用来说别人送的礼物;C 项,"鼎力"多用于请托或感谢对方的大力支持,不能用于学校自己来说,故使用错误;D 项,雅意,敬辞,指对方的心意。

19. 下列各句中,表达得体的一句是(　　)(3分)

A.日前收到你的来信和书稿,今已阅示,并提出了我的一点拙见,仅供参考。

B.老师,久仰了,自小学毕业分别后,我一直都特别想念您,您身体还好吧?

C.令郎知书达理,好学上进,现又秉承父志,研究量子力学,实在可喜可贺!

D.在本届文化年会上,大家一致推举您忝列"传统文化研究会"常务理事。

答案:选 C。

解析:A 项,"阅示"是指上级部门或相关领导阅览文件并给予指示,不能用于自己;B 项,久仰为初次见面,此处不合语境;D 项,"忝列"为谦辞,表示有愧于排列在其中,此处错用为敬辞。

20. 下列各句中,表达得体的一句是(　　)(3分)

A.一位明星对粉丝团说:承蒙我的厚爱,让我们凝聚力量,一起将粉丝团做得更大更好,本人不胜感激。

B.面对网友对某主播因紧张而导致口误的调侃,该主播在受访时回应:主播出错纯属正常,大家不要苛责。

C.黄教授患上重感冒,不能与会,于是给主办方发短信说明情况:偶染小恙,不能如约赴会,还望海涵。

D.一对闺蜜逛商场,同时喜欢上店家仅剩一套的新款衣服,其中一位说:你穿上更漂亮,我还是割爱吧。

答案:选 C。

解析:A项,谦敬混用,"承蒙我的厚爱",不伦不类。"承蒙"是敬辞,表示心怀感激地接受;"厚爱"是谦辞,称对方对自己深切的喜爱或爱护。B项,"苛责"运用不得体,未考虑到说话人的身份、场合及受众的期待。应改说"主播难免出错,望大家多多包涵"或"主播难免出错,但我们会尽量追求完美"。C项,"小恙",小病;"海涵",敬辞,请对方大度宽容地原谅自己。语言表达得体。D项,"割爱",不是出自本意地放弃心爱的东西,其对象应该是属于自己的东西。而此语境中,衣服还是店家的。

21. 下列句子用语使用得体的一项是(　　)(3分)

A. 拙作《老子补正》新成,惶恐以赠,尚祈雅正,不吝赐教。

B. 书信:毕业之后,学生垂念师恩。值此春节到来之际,谨祝恩师节日快乐,万事如意!

C. 值此中秋佳节,令女出阁之庆,聊备薄酒,以飨众亲朋好友。

D. 请柬:新居落成,我明天搬迁,为答谢您的祝贺,特于府上备下薄酒,恭请光临。

答案:选 A。

解析:B项,"垂念"称对方(多指长辈或上级)对自己的关心挂念,应改为"感念"。C项,"令",敬词,称对方;且没有"令女"这一说法。D项,"府上"是对别人的家的尊称,应改为"寒舍"。

22. 下列各句中,表达得体的一句是(　　)(3分)

A. 奉上拙作一本,请您在百忙中审阅。鄙人才疏学浅,书中可能存在不少谬误,敬请斧正,不胜感谢。

B. 兹定于12月22日(星期六)12时在东方酒店三楼为令媛举行出阁典礼,诚邀您届时务必光临。

C. 李馆长虽年逾花甲,但精神矍铄。希望您继续发挥余热,为我区文化事业再尽绵薄之力。

D. 乙方应按时向甲方交清房租,并在合同到期后按时交房。否则,乙方应向甲方赔偿3000元"。

答案:选 A。

解析:B项,"令媛"是称别人家的女儿,可改为"爱女"或"小女";还应去掉"务必"。C项,"绵薄之力"是谦词,不能用于别人。D项,"3000元"应写明币种,合同条文千万不能产生歧义。

23. 下列各句中,表达得体的一句是(　　)(3分)

A. 同学住院了,咱们集点资金买东西垂问一下,生病的同学会很温暖。

B. 您是本专业的泰斗,我想成为您的高足,倘能如愿,我一定刻苦努力。

C.这么深的问题,非我等后进所能理解,请先生不吝赐教,以使我顿开茅塞。

D.大国之间产生矛盾,务必保持克制,千万别一说不到一块儿,就拉架式开打。

答案:选C。

解析:A项,"垂问"指上对下的询问,对象错误。B项,错在"高足",太拔高自己了。D项,语体风格不一致。后面的句子口语化,不郑重。

24.下列各句中,表达得体的一句是(　　　)(3分)

A.因为接到临时任务,我今日无法光临贵府的宴会,对此深表歉意,同时托舍弟带去薄礼一份,还请笑纳。

B.朋友远在大山支教,那里风景秀美,他常常给我寄当地的风景照,一年时间我已经惠存了上百张照片。

C.感谢老师对学生的爱护,但如今找工作很不容易,还请老师鼎力相助,若能得一枝之栖,我就十分满足了。

D.朋友远道而来,主人由于没有计划好时间而没能及时出门迎接,深感抱歉,见到朋友便说:"久违,久违了。"

答案:选C。

解析:A项,"光临"是敬辞,指对方到来。B项,"惠存"是敬辞,意思是请保存,多用于赠人照片、书籍时所题的上款。D项,"久违"一般用作久别重逢的客套,此处结合语境应该用"失迎"。

25.下列各句中,表达得体的一句是(　　　)(3分)

A.现在接人待物还是简单一点好,我们登门拜访就是想跟你叙叙旧,你就略备薄酒小菜,千万别太麻烦啦。

B.我把学生时代写的一些小诗结集出版了,第一时间就送你一本,请你惠存,闲暇时你看看吧。

C.最近我们班好多同学都特别垂青余光中先生的作品,今天早读的时候,大家还在读《等你,在雨中》。

D.我们隔壁的李老一家对人总是那么友善,这些年对我们家帮助很大。我们能有这样一户芳邻,真是我们家的幸运。

答案:选B。

解析:A项,"略备薄酒小菜"是待客时的自谦用语;C项,"垂青"称别人对自己的重视。D项,"芳邻"称对方的邻居。

二、逻辑推理真题突破

(2017 年全国卷Ⅰ)下面文段有三处推断存在问题,请参照①的方式。说明另外两处问题。

高考之后,我们将面临大学专业的选择问题,如果有机会,我们要选择工科方面的专业,因为只有学了工科才能激发强烈的好奇心,培养探索未知事物的兴趣,而有了浓厚的兴趣,必将取得好成绩,毕业后也就一定能很好地适应社会需要。

①是只有学了工科才能激发好奇心。

②_____。

③_____。

题 型 突 破

本题实际上考查了逻辑推理的内容。

(1)全面分析材料内容,首先是锁定问题目标,然后针对目标,根据语言逻辑、生活逻辑推理,从而发现材料中的三个问题:因为只有学了工科才能激发强烈的好奇心;而有了浓厚的兴趣,必将取得好成绩,毕业后也就一定能很好地适应社会需要。

(2)重点把握句间逻辑关系:第一部分:因为只有学了工科才能激发强烈的好奇心,(强加因果);第二部分:有了浓厚的兴趣,必将取得好成绩(条件不能产生结果,取得结果的条件不充分);第三部分:有了浓厚的兴趣,取得好成绩,毕业后也就一定能很好地适应社会需要。(结果前面的条件既不充分也不必要)

答案:②不是有了浓厚的兴趣就一定会取得好成绩。

③不是有了兴趣和好成绩毕业后就一定能很好地适应社会需要。

解析:

根据题目对第一部分因果否定的解析,我们可以从分析材料逻辑关系的角度确定后面两个问题:前提条件不能产生必然结果,所以推断不成立。

(2017 年全国卷Ⅱ)下面文段有三处推断存在问题,请参照①的方式,说明另外两处问题。

云南的"思茅市"改成"普洱市",四川的"南坪县"更名为"九寨沟县"后,城市的知名度都有了很大提高,经济有了较快发展,可见,更名必然带来城市经济的发展。我市的名字不够响亮,这严重影响了我们的经济发展。如果更名,就一定会带来我市的经济腾飞,因此,更名的事要尽快提到日程上来。

①更名并不一定能带来城市的发展。

②_____。

③_____。

题型突破

(1)全面分析材料具体内容,找出问题所在,这则材料问题可以分为三部分:通过对普洱市、九寨沟县等改名后知名度获得提高、经济发展较快的实例得出结论"更名必然带来城市经济的发展"介绍"我市"因为"名字不响亮"严重影响了经济发展的情况;材料认为只要"我市"更名就能够促进经济腾飞。

(2)重点把握材料间逻辑关系:第一部分从逻辑推理的角度分析,是采用了归纳推理中的简单枚举法(不完全归纳法)得出的结论。因为"城市的知名度都有了很大提高,经济有了较快发展"的具体原因不止城市改名这一个,所以结论是武断的(犯归纳推理错误);第二部分:"(我市的)名字不够响亮,这严重影响了经济发展"这个推断是强加了因果关系,因为影响经济发展的具体原因不只名字不够响亮一个(强加因果);第三部分:"(更名)就一定会带来我市的经济腾飞",句子虽含有条件关系,但"更名"这个条件未必能够得出"经济腾飞"的结论(错把必要条件当成充分条件)。

答案:
②"城市名字不够响亮并不一定会严重影响经济发展"
③"更名并不一定会带来经济腾飞"

解析:
根据题目对第一部分推论错误的解析,我们可以从分析材料逻辑关系的角度确定后面两个推断的错误。

典例分析

(2017 年全国卷Ⅲ)下面文段有三处推断存在问题,请参照①的方式,说明另外两处问题。

"爆竹声声除旧岁",说的是欢度春节时的传统习俗,春节燃放烟花爆竹虽然喜庆,但会带来空气、噪声等环境污染问题,还可能引起火灾,一旦引起火灾,势必造成人身伤亡和财产损失。现在很多城市已经限制燃放,这样就可以避免发生火灾,而且只要限制燃放,就能避免环境污染,让空气新鲜、环境优美。

①火灾不一定会造成人身伤亡。

②＿＿＿＿＿＿＿＿＿＿＿＿＿＿＿＿＿＿＿＿＿。

③＿＿＿＿＿＿＿＿＿＿＿＿＿＿＿＿＿＿＿＿＿。

题型突破

(1)全面分析材料具体内容,找出问题所在,材料问题可以分为三部分:一旦引起火灾,势必造成人身伤亡和财产损失;现在很多城市已经限制燃放,这样就可以避免发生火灾;只要限制燃放,就能避免环境污染。

(2)重点把握材料间逻辑关系。第一部分:一旦引起火灾,势必造成人身伤亡和财产损失(错把必要条件当做充分条件);第二部分:现在很多城市已经限制燃放,这样就可以避免发生火灾(形成结果的条件不充分);第三部分:只要限制燃放,就能避免环境污染(避免环境污染的条件极不充分)。

答案:

②限制燃放烟花爆竹并不一定就能避免火灾的发生

③不是限制燃放烟花爆竹就能避免环境污染

解析:

根据题目对第一部分条件不能产生结果的解析,我们可以从分析材料逻辑关系的角度确定后面两个推断不成立,最终确定条件与结果不匹配。

特别提示:

2017年全国卷Ⅰ、Ⅱ、Ⅲ均出现逻辑推理题,考卷由考查图文转换的识图能力到考查考生的逻辑思维能力。从考点来看,该题型考查的仍然是"语言表达准确"这个考点。此题是从逻辑推理的角度设计的,要求对题中给出的各种结论(推断)进行评判,看是否符合客观实际,有无判断错误、推理偏颇以及说法绝对等逻辑问题。其实,从文字逻辑、生活逻辑入手,只要思路得当,我们依然可以理性应对。

能力训练

1.下面文字有三处推断存在问题,请参照①的方式,说明另外两处问题。

要治理共享单车违停,应该让共享单车企业承担治理违章停车的费用。政府应先设置禁停区或停车区,对违停车的企业收费或罚款。这样可将违停的成本由企业内化,这时规模扩张的成本必然会远大于收益。为了降低成本,企业将不得不致力于精细化管理,利润就会提高,才能打败其它企业。单车的禁停区或停点区设计合理了,方便了市民,就会提高城市的经济效益。

①规模扩张的成本不一定会远大于收益。

②_____。

③_____。

答案:②即使精细化管理,提高了利润也不一定能打败其它企业。③设计合理、方便了市民与城市经济效益没有关联。

解析:②推断绝对,"打败其它企业"的因素很多,不仅是管理好违停。③"禁停区或停点区设计合理、方便了市民"的结果不是"提高城市的经济效益",两者间无因果关系。

2.下面文段有三处推断存在问题,请参照①的方式。说明另外两处问题。

生活是一门学问。一般青少年很少有人懂得生活的真正意义是什么,因为只有成年了才会懂得生活的真谛。懂得生活真谛需要有丰富多样的生活经历,有了生活经历,就一定会有生活体验和认识,进而也就会懂得生活的真正意义是什么。

①不是成年了就会懂得生活真谛。

②_____。

③_____。

答案:②有生活经历不见得就会有生活体验和认识。③有了生活体验和认识也不见得就会懂得生活的真正意义。

3.下面文段有三处推断存在问题,请参照①的方式,说明另外两处问题。

一个人的生长环境与他的成才与否息息相关。只有逆境才能造就人才,贝多芬双耳失聪,但他凭借坚定的意志,创作出了著名的《第二交响曲》。顺境只会消磨人的意志,刘禅安于享乐,结果意志消沉,乐不思蜀。因此,一个人只有多经历磨难才能成才。

①只有逆境才能造就人才。

②_____。

③_____。

答案:②顺境未必只会消磨人的意志。③一个人未必只有多经历磨难才能成才。

4.下面文段有三处推断存在问题,请参照①的方式,说明另外两处问题。(5分)

春花秋月伴书声,夏雨冬雪润心田。青春年少的我们只要努力学习了,将来就一定能考上好大学。上个好的大学,毕业后才能找到好的工作。在工作中挣到很多钱,你的生活就会过得幸福快乐。

①努力学习了不一定就能考上好大学。

②＿＿＿＿＿＿＿＿＿＿＿＿＿＿＿＿＿＿＿＿＿＿。

③＿＿＿＿＿＿＿＿＿＿＿＿＿＿＿＿＿＿＿＿＿＿。

答案:②上个好的大学不一定能找到好的工作。③挣到很多钱,生活不一定就过得幸福快乐。

5.下面文段有三处推断存在问题,请参照①的方式,说明另外两处问题。

中学生一旦手机在手,就一定会把与网友微信聊天等当成自己的"事业";一旦迷上微信聊天,就会造成学习下降,走向堕落。我们提醒学生、家长和老师深刻认识高中生使用手机的危害性,让我们一起努力创造更好的学习环境。学习环境好了,学生就能考上理想的大学,成为优秀的人才。

①不是一旦手机在手,就一定会把与网友微信聊天等当成自己的"事业"。

②＿＿＿＿＿＿＿＿＿＿＿＿＿＿＿＿＿＿＿＿＿＿。

③＿＿＿＿＿＿＿＿＿＿＿＿＿＿＿＿＿＿＿＿＿＿。

答案:②不是迷上微信聊天,就一定会造成学习下降,走向堕落。③不是学习环境好了,学生就都会考上理想的大学,成为优秀的人才。

第四单元　图文转换

图文转换题是一种综合性、技巧性较强的题型,包括表文转换和图文转换两大类。表文转换包括统计类图表和结构类图表,图文转换包括图片类、徽标类和漫画类。这类试题要求考生或概括表中提供的信息,或描述图中展示的画面,或根据图或表中的有关内容,分析有关材料,辨别或挖掘某些隐含的信息,对材料进行综合性评价或推断,然后用恰当的语言表述出来,一般不需要也不允许我们进行想象甚至虚构。

第一课　高考真题解析

本课学习目标

1.通过考纲解读和真题分析,了解图文转换类试题的基本题型与命题方向,明确备考重点。

2.通过高考真题解析指导,掌握图文转换类试题的答题技巧与方法。

课时建议:1课时。

一、考纲呈现

语言表达简明、连贯、得体,准确、鲜明、生动。

二、考纲解读

"图文转换"非单独考点,但它却综合考查学生的语文学科核心素养,从语言到思维,从审美到文化素养,无一不涉及。它的载体是"表格"或"图画",它的核心是"转换"。这类题的综合性、技巧性强,具有创新特点。

三、考点分析

试　卷	题　型	考查内容	题干设置
2016 年新课标全国卷 Ⅰ、Ⅱ、Ⅲ	把活动构思框架转换成文字	示意流程转换	下面是某校"中华文化体验"计划（某校团委"中国梦演讲赛"工作、某高中举办迎新晚会）的初步构思框架,请把这个构思写成一段话,要求内容完整,表述准确,语意连贯,不超过 85 个字
2015 年新课标全国卷 Ⅰ、Ⅱ	写出构图要素,说明图形寓意	徽标转换	下面是中国邮政为保护地球水环境发行的（联合国发行的"联合我们的力量"）邮票中的主体图形,请写出构图要素,并说明图形寓意,要求语言简明,句子通顺,不超过 80 个字
2014 年新课标全国卷 Ⅰ、Ⅱ	把活动构思框架转换成文字	示意流程转换	下面是某中学暑期瑶族村考察（某班级春游活动）的初步构思框架,请把这个构思写成一段话,要求内容完整,表述准确,语言连贯,不超过 75 个字
2013 年新课标全国卷 Ⅰ、Ⅱ	写出构图要素,说明图形寓意	徽标转换	下面是我国颁布的"中国环境标志"（我国的"国家节水标志"）,请写出该标志中除文字以外的构图要素及其寓意,要求语意简明,句子通顺,不超过 70 个字

四、考情说明

1. 选材贴近现实生活。试题所选材料大多来自报刊、网络,都是反映社会现实的新闻图片、调查统计图表、漫画、徽标等,紧扣时代脉搏。

2. 题型基本保持稳定。考查方向集中在描述画面内容、介绍画面要素、总结画面规律、揭示画面寓意等方面。

3. 考查多以轮考为主。近六年,2013 年和 2015 年考察了徽标转换,2014 年和 2016 年考查了活动构思框架,2017 年轮空,2018 年考查了流程图和构思框架。

五、2018 年高考真题解析

1. 2018 年全国卷 I

下面是某校为教师编写个人专业发展规划而提供的流程图,请把这个图转写成一段文字介绍,要求内容完整,表述准确,语言连贯,不超过 90 个字。(6 分)

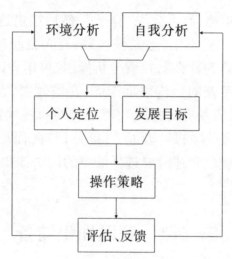

参考答案:编写教师个人专业发展规划,首先要进行环境分析和自我分析,在此基础上进行个人定位并设置发展目标,然后制订达成目标的操作策略,最后展开评估与信息反馈,再据此作进一步修订。

试题解析:此题考查的是流程图,在答题时,首先要明确陈述对象(某校为教师编写个人专业发展规划而提供的流程图),然后要把握各概念之间的关系,明确箭头所展示的事件发展方向,尤其要注意最后一个箭头所代表的含义,这也是这道题的难点所在(不是循环往复,而是整改修订)。在表述时要选择恰当的词语串联成句,同时要注意字数要求。

2. 2018 年全国卷 III

某同学拟了一个被拒绝后常见的四种反应及应对方式的构思框架,请把这个构思框架写成一段话,要求内容完整,表述准确,语言连贯,不超过 100 个字。(6 分)

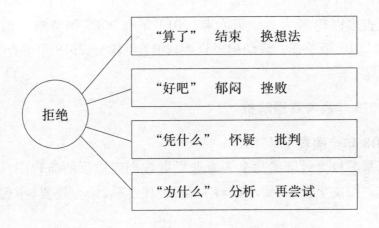

拒绝	"算了"	结束	换想法
	"好吧"	郁闷	挫败
	"凭什么"	怀疑	批判
	"为什么"	分析	再尝试

参考答案:面对拒绝,有人会说"算了",然后结束这件事,另作打算;有人会说"好吧",心中闷闷不乐,感觉被挫败;有人会问"凭什么",随后不断怀疑、批判;有人会问"为什么",接着分析原因,再作尝试。

试题解析:此题考查的是构思框架图,在答题时,首先要审清题意(被拒绝后常见的四种反应及应对方式),然后针对每一种情况,分析三个词语之间的关系,明确加引号的是"反应",也是回答,而后面两个是"应对方式",也是感觉,是态度。表述时要选择恰当的词语,同时注意字数要求。

第二课 解题知识储备

本课学习目标

1.了解说明文的基本特点以及说明必须要达到的效果,做好答题知识储备。

2.了解说明文的结构,掌握说明方法及答题技巧。

课时建议:1课时。

说明文的写作要点

说明文是以说明为主要表达方式,对客观存在的具体事物或抽象事理进行解说、剖析,给人以知识、教人应用、让人了解的文章。其写作的关键是要把事或理说得清清楚楚,明明白白,让读者心里有一个十分清晰的印象。要做到这一点,应把握住三个方面:一是要选好说明的顺序,二是选好说明的方法,三是语言要尽可能的通俗易懂。

一、安排好说明顺序

说明顺序的安排要以人认识事物的自然规律为基础,如由大到小、由小到大,由远到近,由近到远,由内向外、由外向内,由整体到局部、由局部到整体等,说明顺序得当,可以将事物说得条理清楚、明明白白,给人以十分清晰的印象,使人对所写事物了如指掌。

二、选择恰当的说明方法

有了好的说明顺序,还应选择恰当的说明方法。不同的说明方法具有不同的说明效果,如列图表的说明方法简单、明了,使比较复杂的东西简单化;打比方的方法通俗易懂,能将抽象的事物具体化,使深奥的东西浅易化;比较的说明方法可以突出被说明事物的特征……常用的说明方法主要有以下几种。

1. 下定义说明

下定义是用精练、简洁的语言对某一事物的本质属性或某一概念的内涵作出确切说明的方法。其特点是能使读者对被说明的对象有一个明确的本质的了解,又能使读者将该事物与其他事物区别开来。如恩格斯给"人"下了一个准确、科学的定义:"人是能制造生产工具的动物。"这个定义,揭示了人和其他动物的根本区别。用定义说明法时要注意"被定义者"和"定义者"的外延相等,否则就成为不科学的定义。运用下定义的方式,可以是先下定义,再根据定义作具体说明;也可以先作具体说明,最后概括成定义。

2. 诠释说明

诠释说明是对事物或概念进行解释的说明方法,常和下定义说明法结合起来使用,先下定义,然后诠释说明,使读者对事物或概念既有概括的认识,又有具体的了解。如《辞海》中对"水"的说明,先用"水,氢和氧的最普遍的化合物,化学式 H_2O"一句下定义,然后对定义没有包括进去的水的状态、分布、沸点、冰点、密度、热容量和溶解性能等其他特征,一一解释说明,使读者对水有一个完整全面的认识。诠释说明有三种方式:一是与行文融为一体;二是穿插在行文中间,用括号或破折号标出;三是在当页下端或文章末尾与行文隔开,这种诠释一般用于说明写作目的、背景、出处和释义等。诠释与定义不同,它不要求对概念作完整的界说,只要求揭示概念的一部分内涵即可。

3. 举例说明

举例说明是通过列举实际事例来说明事物特征、解释抽象的事理或深奥的科学知识的说明方法，其作用是把抽象、复杂的事物或事理说得具体而通俗易懂。

举例说明应力求选例的典型、真实、具体、生动，不能选择缺乏共性的特殊例子来以偏概全；不能道听途说，信手拈来，甚至用虚假错误的东西来说事；举例还要注意例子的代表性。

4. 分类说明

分类说明是把被说明的事物按照一个统一的标准划分成不同的类别，然后分门别类加以说明的方法。其作用是区分出各个类别的差异，使被说明对象的种类明确，使读者更好地把握某一事物的特征。

给事物分类，不仅要求了解事物的全貌，还要求具体了解各个部分的分属类别。如说明人体的各类器官，就有必要了解人体的全部器官，再具体了解哪些属于神经系统，哪些属于呼吸系统，哪些属于消化系统，哪些属于血液循环系统，等等。只有这样，才能正确地进行分类说明。

5. 数字说明

数字说明是用具体数字说明某事物或事理特征和本质的说明方法。其作用是具体、准确，比一般说明方法更有说服力。如《洲际导弹自述》一文中就用不少数字来说明导弹的威力："弹头的重量一般在一吨左右，爆炸的威力有的相当于一百万吨，有的相当于几十万吨的梯恩梯炸药。"需要注意的是，引用的数字，一定要准确无误，不准确的数字绝对不能用，即使是估计的数字，也要有可靠的根据，并力求近似。

6. 比较说明

比较说明是通过事物或事理之间的比较来说明它们特征的方法。其作用是准确、鲜明地揭示事物或事理的特征，增强说明的效果。

使用比较说明法，要求用来相比的事物或事理同被说明的事物或事理之间有某些相同或类似点，而且为人们所熟知。

7. 图表说明

图表说明是借助插图、表格、照片来说明事物特征的方法。其作用是容易把含多种要素的复杂的事物或事理表述清楚，收到形象直观、醒目清新、一目了然的效果。

运用图表说明时应从文章的实际需要出发，选择最能显示事物特点的图表，并要注意安排适当，做到图文和谐。

三、语言要通俗易懂

语言要通俗易懂是说明文写作的一个基本要求。只有语言通俗易懂，读者一读就清楚明白，才能从中获得知识，了解事物应用的方法等，说明文的存在才有了价值。

第三课　解题技巧指导

本课学习目标

1. 了解图文转换类题目的常考题型。
2. 了解各种图表、徽标、漫画的应用价值和特点。
3. 通过真题解题指导，掌握常见图文转换类题目的解题技巧。
课时建议：2 课时。

一、图表转换突破

（一）统计类

统计图表是统计工作中用表格或点、线、面、体等几何图形绘制的表示各种数据关系及其变动情况的图表，具有形象、直观、生动、具体的特点。高考语文涉及统计图表的题目有图文转换和新闻阅读，常考的统计图表有表格图、柱状图、曲线图、饼式图和词云图等。

【典例分析】

（2014 年辽宁卷）阅读下面的问卷调查统计表，根据其中反映的情况，补充下面文段中空缺的内容（不得出现数字），使上下文语意连贯。（6 分）

（1）您希望开设礼仪教育的课程吗？（　　　）

A. 非常希望　　　B. 希望　　　C. 不希望　　　D. 无所谓

选项 ＼ 调查对象	学生	市民
A	19.08%	11.90%
B	68.79%	59.52%
C	5.20%	5.95%
D	6.91%	22.63%

（2）您认为礼仪教育的承担者应该是（多项选择）（　　　）

A. 家庭　　　B. 学校　　　C. 社会　　　D. 以上都是

选项 \ 调查对象	学生	市民
A	20.23%	22.62%
B	9.83%	15.48%
C	8.67%	13.10%
D	65.32%	58.33%

调查显示,学生与市民对礼仪教育的认识有诸多相同之处。在是否希望开设礼仪教育课程的问题上,学生与市民中　①　。在礼仪教育承担者的问题上,学生与市民中　②　;同时也都认为家庭、学校、社会三者之间,家庭是最重要的礼仪教育承担者,然后依次为学校和社会。但学生与市民的认识也存在差异,例如对礼仪教育的需求,　③　。

题型突破

第一,表格、饼式、词云和部分柱状图重在反映数据的分布情况,读图时首先关注图表中的大数据和高频数据。注意不同调查对象之间的数据差异。曲线图和部分柱状图重在反映事物的发展趋势,读图时重点关注数据变化的趋向及特点。

第二,拟写答案要在全面关照图表各要素、准确把握数据含义的基础上根据题目要求进行。部分答案还要对相关数据进行二次计算。语言表达首先要做到准确,掌握好表示不同程度范围的概念词,不允许出现具体的数字,还要做到简明、连贯、规范。

答案及解析:

①多数希望开设礼仪教育课程;②多数认为礼仪教育的责任应由家庭、学校和社会共同承担;③学生比市民更加强烈。（每空2分）

答案指导:解答此类题目首先要在兼顾表格中各个要素的基础上读清图表的标题注释,明确调查对象、调查内容、数据分布情况,分析数据变化,然后根据题目要求总结、推断,得出结论。读图时不仅要从左到右,还要从上到下,此题答案①②就是在纵向阅读后综合分析得出的结论,答案③则是在横向阅读后综合分析得出的结论。此类题解答的一般流程是:图表（源信息)——观察认读——分析理解——归纳概括——文字表达。

(二)结构类

结构图表也叫"框图"，是用框(圈)、连接线(箭头线)和文字等要素绘制的表示事物之间各种静态结构关系和动态结构关系的图表，在知识建构、组织建构、活动建构和工艺设计等领域应用广泛。高考试题中常考的结构类图表有流程图和构思框架图两类。

典例分析

(2014年新课标卷Ⅰ)下面是某中学暑期瑶族村考察的初步构思框架，请把这个构思写成一段话，要求内容完整，表述准确，语言连贯，不超过75个字。(6分)

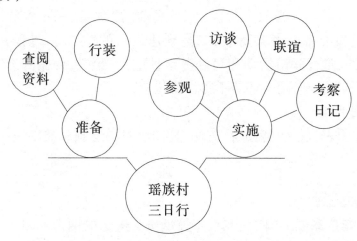

（1）流程图主要反映事物的动态演变过程,读图时首先关注某一工艺（任务）由哪些环节构成。再理清各环节之间的结构关系（顺序结构、条件结构、循环结构等）。构思框架图既能反映事物的动态结构,又能反映事物的静态结构,近年高考中出现的频率较高。读图时首先关注该活动在横向（一般从左到右）坐标中可分为几个环节,各环节之间呈现何种关系（并列或先后）。此外,关注各环节在纵向（一般从上到下或从下到上）坐标中可分为几个层次,各层次之间呈现何种关系（总分或从属）;最后以每个任务单元为单位,分别明确每项任务的时间、场地、组织者、参与者、具体内容、活动方式和要求等信息。

（2）拟写答案要在整体把握图表,全面理清图表各要素之间的结构关系的基础上根据题目要求进行。语言表达做到遣词准确、简明,概括性强,造句条理清楚,富于变化,语气通畅。

答案及解析:

本次瑶族村三日行考察要求参加人员事先查资料,了解瑶族概况,备好所需行装;考察期间的主要活动有参观、访谈以及与村民联谊,每人需写日记,记录考察情况。（内容完整,给1分;归属得当,给1分;表述准确,给2分;语言连贯,给2分。字数超出限定,酌情扣分。）

解答此类题目的要点:第一,要审清试题要求,即根据初步构思框架构思一段话。第二,要全面关照图片内容,明确图中各要素之间的结构关系,瑶族村三日行考察分为两个阶段（一是去前的"准备"——查阅资料,了解瑶族的情况和准备好考察行装,二是到达之后的"实施"过程——四处参观、进行访谈、举行联谊活动和写好考察日记）。第三,要做到准确、连贯表达,"准备"和"实施"两个环节不得调换位置。

（三）图片类

图片类图表包括手势图、广告图、地图、照片、绘画和文字演变表等多种图表。

（2015年广东卷）下图是北京市控烟协会遴选的两个劝阻吸烟的手势,分别是"我介意"和"不可以"。请写一段话分析这两个手势的劝阻效果。要求语意完整,前后连贯,不少于50字（含标点符号）。（6分）

题型突破

（1）图片类图表在读图时要善于根据不同类型图表的特点以及题目和注释的提示，灵活地把握图片的内涵、主旨、意蕴和趋势。

（2）拟写答案要在正确把握图片内涵、主旨、意蕴和趋势的基础上根据题目要求进行。语言表达符合考点要求和字数规定。

答案及解析：

"我介意"表达委婉，容易让人接受，但劝阻意味不强，对方可能领会不到或视而不见；"不可以"表达直接，劝阻意味强烈，容易让人领会到，但可能会引起对方反感。（每点3分）

解答此类题目要紧密结合图片，展开合理的想象和联想，客观、辩证地分析两种手势的不同效果，语言通顺，条理清楚，表达规范，符合字数规定。

二、徽标转换突破

徽标，即徽章、标志，它不是一般的图标，是具有指代意义、具有标识性质的图形。徽标往往是根据所要表现的对象的性质特点，用简洁、明快、通俗易懂的图形来表达创作者的愿望和意图，它由多种要素整合而成，形成特定的情境和主题。

典例分析

（2015年新课标卷Ⅰ）下面是中国邮政为保护地球水环境发行的邮票中的主体图形，请写出构图要素，并说明图形寓意，要求语意简明，句子通顺，不超过80个字。（6分）

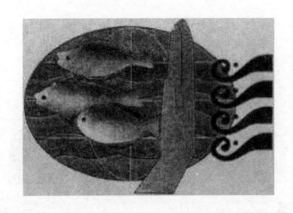

题型突破

1. 审清题干信息

包括内容信息和形式信息,具体指题干中对徽标类型或主题的阐述、对句式和字数的要求以及图案中的人、物、景等元素。

2. 掌握答题技巧

第一,观察徽标时,要注意观察图案中的汉字、数字、拼音及其首字母、英文及其缩写,尤其要注意其艺术变体形式,这些都是把握徽标主题的关键要素。另外,也要关注图案中的不同颜色。

第二,拟写答案时,概括描述类试题,要对徽标中的各种形状加以适当联想,并联系具体对象,对徽标的创意作出准确理解,然后遵循先大后小、先外后内、先上后下、先主后次、先人后物的顺序描述画面或介绍构图要素。揭示寓意类试题,要由表及里,分析其内涵和寓意。

答案及解析:

该图由地球、清流、鱼、手和浊流构成,地球上各种鱼在清澈的水流里游动,人类之手正在阻挡排向清流中的污水,整个图形表达了人类保护水环境、拒绝水污染的决心。(构图要素,每少一个扣一分,扣完为止;寓意意思正确即可。)

审题时,要抓住题干中的两个关键词:"构图要素"和"寓意",再结合"保护水环境"这一背景,不要忽视"水环境"即"海洋"这个要素,紧扣画面中唯一跟人有关的要素"手",寓意就应该容易把握了。

三、漫画转换突破

漫画,就是用简单而夸张的手法来描绘生活或时事的图画。漫画一般主要由标题、画面、寓意三部分组成,标题和画面是显性的信息,而寓意则是隐性的信息。作者从现实生活中取材,通过夸张、比拟、象征等手法,构成幽默、诙谐的画面,以取得讽刺或批评的效果。

典例分析

（2013 **年重庆卷**）阅读下面的漫画,按要求答题。

（1）给漫画拟出标题。要求:切合漫画含意,不得用"无题"作标题。（2 分）

（2）用一句话说明漫画给你的启示。要求:与标题有内在的联系,不超过 15 个字。（2 分）

题型突破

1.审清题干信息

包括内容信息和形式信息,具体指题干中对答题方向、句式字数的要求和漫画画面的构成要素,包括标题、画面与文字,尤其是画面中夸张或变形的部分。

2.掌握答题技巧

第一,观察漫画时,要仔细观察人物或动物的神态、举止以及漫画中的文字、符号等,尤其是画面中夸张或变形的部分,并联系社会现实,进行合理想象。

第二,拟写答案时,概括描述类试题,要从人和事两方面考虑,对人物要抓住其言行举止、表情神态、穿着打扮及人物间的关系;对事物要关注其时间、地点、前因后果及发展趋势。切记,只需对画面内容进行客观描述,不必进行想象和虚构。

揭示寓意类试题,寻找画面中夸张或变形的部分与社会现实的契合点,先联系生活,后挖掘道理,由表及里,由画面到生活,准确把握漫画所揭示的主题,然后再概括寓意。

拟加标题类试题,可以围绕漫画讽刺的主体或揭示的主题,直接命名。

参考答案:

标题　猫影成"伞"(错觉/猫与伞/远与近)

启示　不要被"影子"("表象""假象")所迷惑

解析:解答此类题,首先要读懂画面,然后揣摩画面中蕴含的寓意。理解这幅漫画的关键是猫及其投在墙上的"伞影"、伞及伞后真正的影子,明确它们之间的关系,在此基础上拟题;联系现实生活,由画面到生活,挖掘出漫画所蕴含的深刻道理,准确把握其寓意。

第四课　真题突破练习

本课学习目标

1.接触部分图文转换类语言表达的新题型。

2.训练各种图文转换题型的审题能力。

3.形成较强的图文转换题型的解题能力。

建议课时:1课时。

1.(2017年天津卷)下面是2006年度和2016年度有关"天津旅游"的词云图,是根据国内十大旅游网站筛选出的高频词汇生成的,字号越大,表示该词出现的频率越高,关注度就越高。

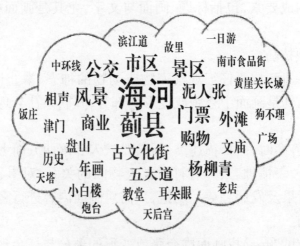

2006年度"天津旅游"词云图

2016 年度"天津旅游"词云图

请对比两幅词云图,简要概括天津旅游十年间发生的变化。(3 分)

参考答案:2006 年游人对自然景观和人文景观的关注度较高,侧重景观欣赏;2016 年游人对城市文化和民俗特色的关注度较高,侧重文化体验。

解析:解答此题重点抓住图中的高频词汇进行综合分析,准确把握这些高频词汇各自倾向的领域及特点。从 2006 年人们关注度较高的"海河""蓟县"(天津市唯一的半山区县,被誉为天津市的"后花园",区内文化遗存丰富)"风景""景区""门票""市区""古文化街"等词汇来看,2006 年人们对天津自然景观和人文景观的关注度较高。从 2016 年人们的关注度较高的"文化""休闲""民俗""特色""都市""相声""历史""故居"等词汇来看,2016 年人们对天津城市文化和民俗特色的关注度较高。由此可见,十年间,人们对天津旅游的期望发生了很大变化,据此提炼出结论:十年前,人们来天津旅游重在观光;十年后,人们来天津旅游重在体验文化。

2.(2014 年新课标卷)根据下面图表提供的信息,将 2008 年至 2012 年五年间我国城乡居民人均文化消费支出的特点写成一段话。要求内容完整,语言连贯,不超过 80 个字。(6 分)

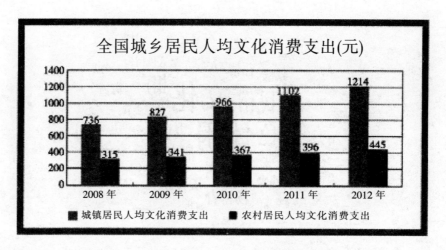

参考答案:图表显示,2008 年至 2012 年我国城镇居民和农村居民人均文化消费支出均逐年增加,而城镇居民文化消费支出增幅大于农村居民,二者的差距在逐年加大。

解析:解答此题首先要立足于横坐标,准确识别五年来我国城乡居民人均文化消费支出的总体趋势——稳步增长。此外,要立足于纵坐标注意到城镇居民人均文化消费支出和农村居民人均文化消费支出之间存在的显著差异——城镇居民人均文化消费支出增幅远远高于农村居民人均文化消费支出,并且差距逐步拉大。

3.(2013 年江苏卷)有研究者对 200 多位作家从发表处女作和代表作的年龄两个方面进行了统计。比较图表中两组数据,从作家渐至成熟的角度归纳出一个结论。(5 分)

人数 作品 \ 年龄	20 岁前	21～25 岁	26～30 岁	31～35 岁	36～40 岁	41～45 岁
处女作	72 人	95 人	36 人	7 人		
代表作		8 人	31 人	96 人	50 人	25 人

参考答案:大多数作家需要十年左右的创作积累,才能进入创作成熟期。

解析:解答此题首先明确答题角度,"作家渐至成熟";其次在关注大数据的基础上进行二次计算,求出一个作家从出道至成熟的大约时间。"处女作"一行的大数据是"95",代表大多数作家在 21～25 岁出道,"代表作"

一行的大数据是"96",代表大多数作家在 31～35 岁成熟,两个年龄段相减即是一个作家从出道到成熟大约需要的时间;最后整合写出结论即可。

4.(2016 年新课标卷)下面是某校团委"中国梦演讲赛"工作的初步构思框架,请把这个构思写成一段话,要求内容得当,表述准确,语言连贯,不超过 85 个字。(6 分)

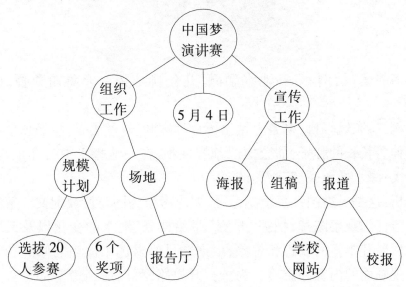

参考答案:"中国梦演讲赛"拟于 5 月 4 日举行,赛事需要组织和宣传。组织工作需要联系报告厅,选拔 20 名参赛者,最后评出 6 个奖项;宣传工作包括出海报、组稿,并在学校网站和校报报道。

解析:解答此题首先正确把握图中各要素之间的结构关系(从上往下依次分为四个层级:顶层表示本次活动的主题;第二层的"5 月 4 日"是本次活动的时间,"组织工作"和"宣传工作"是本次活动需要完成的两方面工作内容;第三层、第四层依次是"组织工作"和"宣传工作"细化的任务、场地、计划、规模等信息),然后在不遗漏图中的任何要素的基础上选择合理的顺序将图示的内容简明准确地表达出来。

5.(2015 年湖北卷)欣赏右边的天鹅戏水图,围绕"早春",写一首小诗或一则短文。要求:①突出景物特征;②语言表达鲜明、生动;③不超过 80 字。(4 分)

参考答案:示例一:一池水融融,几丝柳依依。天鹅知春暖,悠游自在啼。

示例二:东风轻拂,柳条上钻出了片片嫩叶,丝丝柔条,袅袅依依。几只黑天鹅伸着长长的脖子,如公主般雍容优雅,在一池碧水中自在地嬉戏,悠然地游弋;绿水微漾,泛起圈圈涟漪。

解析:这是一道图片意境描绘题,要求考生为图写诗或配文。解答此题时首先要仔细观察图片,把握"早春"带给柳条、池水的变化以及天鹅的欢愉。然后展开丰富的联想和想象,根据题目要求选用恰当的修辞和诗化的语言再现画面的内容和意境。为了打开思路,可以适当借鉴部分背诵过的诗文名句。

6.(2014 年四川卷)为展示"走进汉字历史,探究字形变化"的研究性学习成果,请给下面的《汉字字形演变表》配写一段说明性文字,介绍汉字字形的演变特点。要求:①至少答出两个特点;②语言准确、简明、连贯;③40字以内。(4 分)

汉字字形演变表

甲骨文	金文	小篆	隶书	楷书
魚	魚	魚	魚	魚	鱼
馬	馬	馬	馬	馬	马
為	為	爲	為	為	为
受	受	受	受	受	受
車	車	車	車	車	车

参考答案:汉字演变具有象形程度逐步减弱、字形由繁到简的特点。从"鱼""马"等字看,小篆及之前的汉字与图画相关,象形性强,笔画繁复;之后象形程度减弱,字形逐步简化。

解析:这是一道富有新意的图文转换题。解答此题首先要根据相关汉字的演变进程总结概括汉字的演变具有哪些规律性的特点,其次结合部分汉字的字形进行具体说明。总结概括汉字的演变特点是此题的难点所在,但对汉字演变进程有所了解的同学来说,解答很容易。

7. 孔英是一名应届毕业生,在人才中心看到了雅正中学招聘教师的启事后想去应聘。下表是他的一些情况介绍,请据此筛选有效信息,替他补写一份给雅正中学校长的求职简信。要求:内容准确,层次清晰,表达得体,不超过120个字(含标点符号)。

姓　名	孔　英
毕业院系	岭南师范大学数学系
学　历	本　科
政治面貌	群　众
健康状况	良　好
身　高	170 cm
籍　贯	广东肇庆
获奖情况	岭南师范大学师范生教学技能比赛一等奖
实习经历	2013 年在岭南中学实习 3 个月

尊敬的校长:

　　您好!

　　此致

敬礼!

孔英

2014 年 3 月 20 日

参考答案:我叫孔英,是岭南师范大学数学系的一名应届本科毕业生。我非常希望到贵校工作。我有着较强的教学能力,曾获得本校师范生教学技能比赛一等奖,并到岭南中学实习了 3 个月,能够胜任中学数学教学工作。

期盼贵校给我一个机会,静候佳音。

(身份介绍1分,求职缘由1分,求职条件2分,期盼回复1分,语言得体1分。)

解析:此题要求考生从图表中筛选出有效的信息,写入推荐信中,要胜任教师工作,要求有专业素养,有突出的能力,因此身高、政治面貌则可去除。语言表达要流畅。

8.(2015 年新课标卷Ⅱ)下面是联合国发行的"联合我们的力量"邮票中的主体图形。请写出构图要素,并说明图形寓意,要求语意简明,句子通顺,不超过85 个字。(6分)

参考答案:图形由橄榄枝和多面旗帜组成,这些旗帜又巧妙地构成一只飞翔的鸽子。旗帜代表不同国家,鸽子代表和平,飞鸽衔着橄榄枝,强化了和平寓意,整个图形表示各国应齐心协力、维护和平。

(答出构图要素,给 2 分;答出寓意,给 3 分;句子通顺,给 1 分。如有其他答案,只要符合要求,可酌情给分;字数不合要求,酌情扣分。)

解析:要从大到小、从整体到局部把握构图要素,该邮票的主体图形是一只鸽子,鸽子由不同的旗子组合而成,鸽子的嘴里衔着一枝橄榄枝。说明寓意时结合题干中的"联合我们的力量",并联系鸽子和橄榄枝的象征意义即可。

9.（2013年天津卷）欣赏下面漫画《玩大了》，按要求作答。（5分）

（1）任选一条鱼，替它写一段简短的内心独白，要求30字以内。（3分）

（2）用一句话说明这幅漫画的寓意。（2分）

参考答案：

（1）①鱼缸里的鱼：兄弟，对不起你了，这回玩大了，我真不是有意的，纯属意外啊。嘿嘿！（3分）

②鱼缸外的鱼：干嘛使那么大劲，把我甩出来？哪有你这么玩的？看来这次真的要玩完了。（3分）

（2）规则管不住人内心的欲望，就会让人失去善良；生活不是游戏，生命不能重来。（2分）

解析：这幅漫画画面很简单，答题时我们可以假设自己就是其中的某条鱼，然后设身处地地考虑，联系鱼生存所需的环境，内心独白就可以完成。漫画的寓意往往集中在漫画夸张之处，答题时一定要多关注画面夸张之处。

10.（2018年江苏卷）下列选项中，对下图漫画寓意的理解最贴切的一项是（　　）

A. 过程特别艰难,可能预示着这一次收获很大。

B. 在我们不注意的地方往往隐藏着巨大的困难。

C. 对努力挣得的东西,人们会牢牢地抱住不放。

D. 懂得知足常乐,会使生活中的困难更少一些。

答案:A

解析:仔细观察漫画,小白兔已经收获了两棵胡萝卜,正在收获第三棵。从图中可以看到,第三棵很大,小白兔拔得很费劲,但一旦拔出来,收获是很大的。观察至此,答案就有了:艰难的奋斗过程,常常可以获得理想的结果。答案选 A。

本 课 小 结

解答图文转换类题目首先是读图,只有把图读清楚了,才能准确答题。题目所给的图像不同,读的方法各异:统计表的审读,关键是弄清楚所列科目;结构图的深度,关键是弄清各元素间的相互关系;徽标图的审读,关键是弄清构图元素;漫画图的审读,关键是弄清楚所画物象表达的意思。